后金融危机时代
新自由主义新变化研究

张南燕 著

吉林大学出版社
·长春·

图书在版编目（CIP）数据

后金融危机时代新自由主义新变化研究 / 张南燕著.
长春：吉林大学出版社，2024.9. -- ISBN 978-7-5768-3942-5

I. F091.352

中国国家版本馆CIP数据核字第2024UP6135号

书　　名	后金融危机时代新自由主义新变化研究
	HOUJINRONG WEIJI SHIDAI XINZIYOU ZHUYI XINBIANHUA YANJIU
作　　者	张南燕
策划编辑	黄国彬
责任编辑	刘　丹
责任校对	赵　莹
装帧设计	卓　群
出版发行	吉林大学出版社
社　　址	长春市人民大街4059号
邮政编码	130021
发行电话	0431-89580028/29/21
网　　址	http://press.jlu.edu.cn
电子邮箱	jldxcbs@sina.com
印　　刷	天津和萱印刷有限公司
开　　本	787mm×1092mm　1/16
印　　张	8.25
字　　数	230千字
版　　次	2025年3月第1版
印　　次	2025年3月第1次
书　　号	ISBN 978-7-5768-3942-5
定　　价	88.00元

版权所有　翻印必究

前 言

受2008年全球金融危机的冲击，新自由主义的影响力经历了从巅峰滑落至谷底的过程，这场国际金融动荡使得新自由主义的治理理念遭受了严峻考验。然而，危机过后，新自由主义并未完全消亡，反而呈现某种程度的复兴迹象，似乎在酝酿着新的活跃态势。这种理念最初是为了解决经济危机而兴起的，但讽刺的是，它又被指责为引发2008年国际金融危机的源头，因此，新自由主义的理论体系不得不面临深刻的反思与改革。随着国际政治格局的演变，无论是积极推广新自由主义模式的发达国家，还是被迫接受新自由主义经济政策的新兴经济体，都在被迫重新审视并调整自身的经济战略。这导致了新自由主义在后金融危机时期的理论与实践都进入转型与重构的阶段。本书聚焦于2008年金融危机之后的新自由主义，将其视为一个转型期，深入探究后金融危机时代新自由主义的变革特征，旨在剖析其内在本质、演变逻辑以及未来演进的方向。

本书使用的"新自由主义"这一术语，涵盖了理念、政策及国际战略的多元维度。首先，作为一股理念潮流，它体现了新自由主义学派与关键人物倡导的经济观念，主张最大限度地推崇自由市场，同时削弱政府的经济干预。其次，作为一种政策导向，新自由主义呼应了从国家垄断资本主义过渡到国际金融垄断资本主义的转变需求，其核心特征在于提倡贸易自由、市场定价机制以及市场优先于政府的国家调控理念。最后，作为一项国际战略，新自由主义在美英等发达国家的推动下，成了推动全球金融资本一体化的关键手段。尤其在金融危机之后，新自由主义的演进在理论、政策和对外策略上尤为显著。围绕"后金融危机时代新自由主义新变化"这一研究主题，本书共设计了五章，其主要内容如下。

第一章探讨了新自由主义的演化历程、核心理念以及在全球各地的应用实例后，本书深入探究了2008年那场重创资本主义世界的国际金融危机，审视了它对新自由主义理念的冲击。尽管这场危机引发了广泛质疑，但我们的分析表明，新自由主义并未在劫后灰飞烟灭，反而在变革中持续发展壮大。

第二章论述了在应对后金融危机阶段，新自由主义理论体系经历的一些值得关注的内部演变。首要的变化发生在市场—政府关系的理论层面，其中芝加哥学派对市场机制的效能提出了新的见解，而奥地利学派则对政府角色的重新评估进行了讨论。这些反思促使人们再度审视市场与政府在经济体系中的交互作用。同时，新自由主义关于国家角色和全球化理解的理论也呈现新的趋势。公共选择理论对国家的观念发生了转变，它开始探索更深层次的民主参与和政府决策的影响因素。而在全球治理领域，新帝国主义理论的出现挑战了旧有的国际秩序观念，提出了对全球治理结构的新思考。尽管后金融危机时期的新自由主义理论展现出了一定的自我革新，其内容上做出了一些调整，但这些变化相对温和，并且基本上仍限定在新自由主义的基本框架之内。这种内部调整更多地体现了理论在现实冲击下的适应性调整，而非彻底的理论颠覆。

第三章论述了在应对后金融危机时期的全球挑战中，新自由主义的政策呈现一些显著的转变。从其发源地美国和英国的政策转型，到欧洲大陆如德国和法国等发达国家的新自由主义政策调整，乃至亚洲、非洲与拉丁美洲国家在反新自由主义趋势中的政策革新，都反映了这一深刻的变化。这些变化具体体现在各国货币政策的改革、金融体制的调整、社会福利政策的演变以及就业策略的转型。在这一时代背景下，新自由主义政策的调整可视作对经济社会动荡的一种策略性应对，尽管如此，它们并未从根本上脱离新自由主义的市场根基，而是在维持和拓展资本主义市场机制的基础上进行了适应性调整。

第四章在探讨后金融危机时期新自由主义的国际策略转型时，侧重分析了以美国和英国为领头羊的新自由主义主导国家对其外交政策的策略性重塑。探讨的焦点围绕着贸易政策的改革、外交手腕的调整以及在全球权力格局中的霸权策略的演变。新自由主义对外策略的演变反映出，尽管后金融危机的年代对新自由主义的国际架构构成了巨大冲击，但这些国家在推行霸权主义基线思维的驱动下，其策略调整仍然遵循着新自由主义的主线。

第五章立足于后金融危机时期新自由主义理论与政策的演变以及其对外策略的调整，以马克思主义的视角，深入探究了这个思想流派在金融危机之后得以持续发展的根源。本章剖析了新自由主义的新特征，展现了新自由主义政策一些细微的局部转变、新自由主义政策内部矛盾的深化以及新自由主义政策困境的日益凸显，进而揭示出了新自由主义阶级性、时代性、双重性的本质内涵。

在对上述内容进行深入剖析后，本书总结认为，尽管后金融危机时期新自由主义展现出一系列新的特征，但这些变化本质上仍局限于新自由主义理论框架内部。诚然，新自由主义的理论基础经历了一定程度的调整，然而其核心体系和理论推理并未迎来革命性的突破。在政策层面上，虽出现了某种程度的反向趋势，但这些调整更多是权宜之计，未从根本上扭转整体政策的导向。在对外战略上，新自由主义虽有某种程度的逆转，但其推行霸权主义的内在逻辑并未动摇。因此，总体来看，新自由主义在后金融危机时代的演变并未颠覆其维护资产阶级统治和服务于资本的根本目标。当前，新自由主义正面临新的挑战，未来可能会有新的调整和转型。然而，一个明显的趋势是，新自由主义的后续发展将是新自由主义的延续，与反新自由主义的斗争注定是一场持久且充满曲折的博弈。

张南燕
2024 年 8 月

目 录

导 论 1

第一章 新自由主义的历史脉络与金融危机之下的挑战 17
 第一节 新自由主义的历史脉络 17
 第二节 金融危机之下新自由主义的挑战 31

第二章 后金融危机时代新自由主义理论的新变化 38
 第一节 新自由主义关于市场—政府理论的新变化 38
 第二节 新自由主义关于国家和全球化理论的新变化 49

第三章 后金融危机时代新自由主义政策的新变化 57
 第一节 美英两国新自由主义政策的新变化 57
 第二节 其他发达国家新自由主义政策的新变化 66
 第三节 亚、非、拉地区"去新自由主义化"的政策新变化 72

第四章 后金融危机时代新自由主义对外战略的新变化 81
 第一节 新自由主义对外贸易政策的新变化 81
 第二节 新自由主义外交政策上的新变化 84

第五章 科学认识后金融危机时代新自由主义的新变化 97
 第一节 后金融危机时代新自由主义得以继续发展的原因 97
 第二节 后金融危机时代新自由主义新变化的基本特征 103
 第三节 后金融危机时代新自由主义的本质批判 108

结 论 115

参考文献 117

导 论

一、问题提出及研究意义

（一）问题提出

在2008年全球金融风暴的冲击下，新自由主义的理论基础及其引发的深刻后果引发了广泛的审视与批判。这时，一种观点甚嚣尘上，即新自由主义的钟声已在金融危机的余波中敲响，宣告其理论的失败与终结。多数学者坚信，这场危机的根源在于发达国家推行的以"自由、私有、市场"为核心的改革，最终引爆了经济动荡。危机爆发后，发达国家采取的一些与新自由主义相悖的干预策略似乎证实了新自由主义的没落和凯恩斯主义的潜在回归以及一系列变革的迹象。然而，尽管时间流逝了十多年，新自由主义并没有如预期般淡出历史舞台，反而持续主导着西方国家的经济政策和全球化布局。这使得一个亟待解答的问题浮出水面：2008年金融危机之后发达国家采取的国家干预手段，是否确实标志着新自由主义的全盘崩溃？是否预示着凯恩斯主义的复兴？在这样的现实背景下，如何理解后金融危机时代的新自由主义，成了一个亟待深入探讨的议题。

在现代西方繁多的政治思潮的背景下，新自由主义的思想体系尤其引人注目，即使面临着众多学术流派的批判与挑战，它依然稳固发展，其理论影响力不容忽视。因此，新自由主义在学术领域的地位仍然举足轻重。那么，在后金融危机时期，新自由主义又提出了哪些崭新的理论议题呢？作为资本主义主导理念的新自由主义，它的前景又将如何？它的航向会指向何方？

自始至终，在资本主义的演进历程中，自由主义扮演了举足轻重的角色，可以说，资本主义的发展史某种程度上就是自由主义的演化史。新自由主义作为西方自由主义的关键节点和不可或缺的部分，如今已在全球资本主义体系中占据主导地位。回溯历史，自由主义在过去的百年间历经两次显著的转型。第一次是在1929至1933年的经济大萧条时期，自由主义倾向向"左"，凯恩斯主义崭露头角，主导了资本主义国家的经济政策。第二次转型则发生在20世纪70年代滞胀危机之后，自由主义转向右派，新自由主义由此崛起，成为发达国家意识形态的核心。那么，依据资本主义经济发展的内在规律，2008年全球金融危机过后，自由主义是否将再次发生深刻的转变呢？假若确实如此，这将会给资本主义的发展轨迹带来怎样的影响？

鉴于实际需求与理论探索的双重推动力，我们亟须对新自由主义自2008年全球金融危机以来的演进历程进行详尽的梳理与反思。那场在2008年震动全球的金融危机，不仅是资本主义进程中的里程碑，也是新自由主义理念发展中的关键转折点。尽管距离那次危机已过去了13个年头，世界经济在资本主义的主导下逐步走出阴霾，缓慢复苏，然而，我们依然置身于后危机时代，这个世界正处于从衰退到复兴的过渡期，继续承受着危机余波的冲击，同时也在经历由金融危机引发的全球格局和经济秩序的深刻变革。

在经历金融危机的余波后，学术界对新自由主义的探讨仍旧充满活力，这种理论体系在不断演变中。从宏观的角度看，全球的学术研究焦点主要聚集在伦敦政治经济学院、芝加哥大学以及弗莱堡大学等高等教育殿堂，这些学府曾是弗里德里希·哈耶克贡献智慧的场所，他的思想遗产至今仍产生着广泛的影响。同样作为新自由主义研究的重镇，乔治梅森大学的莫尔卡斯特中心和英国经济事务研究所也在其间发挥着重要作用。一群新自由主义的理论家，他们犹如散落在世界各地的珍珠，通过这些学术机构、研究单位和思想库编织成一张松散但有力的网络，共同维系并推动着新自由主义思想的前进。

在当代思想领域，新自由主义的学术阵线宽广且多元，孕育出了众多分岔与流派。其中，奥地利学派尤为瞩目，它深受弗里德里希·哈耶克理论的启发，以赫苏斯·韦尔塔·德索托和穆瑞·罗斯巴德为当代旗手。芝加哥学派，由米尔顿·弗里德曼与乔治·斯蒂格勒播下的种子苗壮成长，现今则由加里·斯坦利·贝克尔主持大局。同时，德国的新自由主义学派也不能忽视，它深受奥地利学派与弗莱堡学派的影响，尤其在应对如何保护市场自由免受法律挑战的问题上，采取了一种超国家的立场，堪称新自由主义领域中的一股新兴力量。所有这些学派，均以独特的视角为新自由主义的理论构建添砖加瓦。当前，它们共同关注的焦点在于理解2008年全球金融风暴对新自由主义的冲击，探究后危机时期新自由主义的处境，反思其局限以及如何在反思中寻求新自由主义的未来演进。这些议题，无疑构成了新自由主义智者们探究的首要课题。

鉴于既定的现实背景与理论框架，本书把新自由主义在后金融危机时期的演进视为一个独特的时期，并进行深入剖析。本书研究的目标是详尽地解析这一时期新自由主义所展现出的新兴态势。通过这种方式，希冀能洞察资本主义主导思想的内在发展轨迹。这样的探索是必要的，理由如下。

首先，资本主义的剧变与新自由主义的兴起紧密相连，新自由主义起初就是作为应对资本主义危机挑战的一种策略。然而，随着金融危机的冲击，资本主义体系经历了转型，随之而来的是新自由主义所处的社会经济环境和所要解决的问题呈现新的面貌，这促使新自由主义进行深入的审视与调整。全球政治格局的演变促使各国政府重新审视并调整各自的国策，无论是积极推广新自由主义的发达国家，还是在新自由主义道路上遭遇挫折的发展中经济体，都在依据自身国情对内外政策进行适时的修正。这标志着新自由主义的理论与实践正步入一个崭新的演化阶段。

其次，金融危机可以说是新自由主义历史上的一个重要转折点。这场全球性的经济动荡，让新自由主义遭遇了前所未有的质疑。该理论曾笃信，无拘无束的市场机制能最大化个体的物质福利，任何政府的介入都被视为干扰，甚至可能扼杀市场的自由动力。因此，新自由主义主张政治应远离经济领域，信任市场的自我调节能力，坚信这将孕育出最优的经济格局。然而，金融危机的骤然爆发，却对这些理论基石提出了严峻挑战。银行在危机中向政府求援，巨额的救助金凸显了市场机制的局限。因此，本书的核心探究点在于：金融危机的沉重打击后，新自由主义是如何适应变化，自我革新，以求在新的经济现实中持续发展的。

最后，在经历金融危机的洗礼后，社会思潮的多元化开始对新自由主义构成日益显著的影响。以往，由于缺乏有力的替代方案，新自由主义得以广泛推行，享有极大的实施空间。然而，随着西方社会左翼思潮的蓬勃兴起以及以中国为代表的社会主义国家的显著崛起，新自由主义正面临着前所未有的审视与挑战。这种批判的增强和外部压力的改变，无疑在压缩新自由主义的发展空间，同时也揭示了其现实中的局限与困境，这些因素都在深刻地塑造新自由主义的未来轨迹。

立足于马克思主义理论的广阔视野，本书秉持马克思主义的实事求是原则，以一种洞悉世事的批判性思维，探究后金融危机时期新自由主义的演变态势，力求分析新自由主义变化的原因，客观揭示新自由主义发展的规律，批判新自由主义的本质。

(二) 研究意义

自2008年全球经济动荡以来，新自由主义的理念和政策饱受审视，其体系遭受重挫，面临深度困境。尽管如此，全球经济至今仍在缓慢而曲折的复苏之路上，这就引出了一个亟待解答的关键问题：我们应如何在后金融危机的背景下重新理解新自由主义，又该如何剖析其当前的演变态势？

探究资本主义现今的主导理念，我们可以追溯到新自由主义的脉络。理解后金融危机时期新自由主义的演变和其独特的发展趋势，不仅能够揭示新自由主义内在的发展模式，也对剖析资本主义意识形态的动态转变具有深远的理论价值。这样的理解，无疑能提升我们对全球经济社会形势的洞察力。

在日新月异的世界大背景下，资本主义体系的演变不断催生新的挑战，亟须我

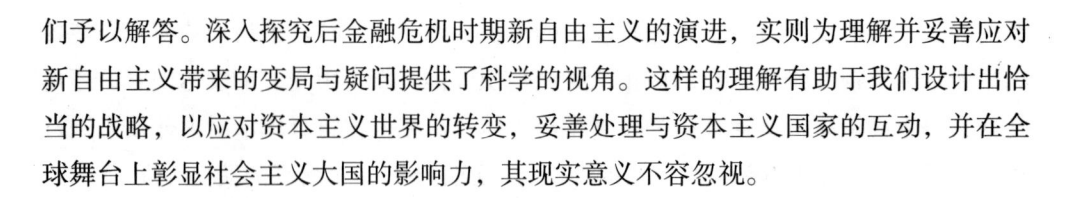

们予以解答。深入探究后金融危机时期新自由主义的演进，实则为理解并妥善应对新自由主义带来的变局与疑问提供了科学的视角。这样的理解有助于我们设计出恰当的战略，以应对资本主义世界的转变，妥善处理与资本主义国家的互动，并在全球舞台上彰显社会主义大国的影响力，其现实意义不容忽视。

二、文献综述

（一）关于新自由主义的认识

西方学术界对"新自由主义"一词的含义存在着多元解读。特别是以奥地利学派经济学家弗里德里希·哈耶克为核心的"朝圣山社"的成立，为构建一个无拘无束的资本主义体系构建了坚实的理论支柱。在著作《通往奴役之路》中，哈耶克犀利地批评了政府的干涉行为和福利措施，他提出，社会主义所倡导的通向自由的道路[①]，实际上已然演变成通向专制统治的途径。这本书常被视为新自由主义理念诞生的标志性文献。

在《新自由主义和全球秩序》这部著作中，知名政治学者诺姆·乔姆斯基解析了一种以古典自由主义为基础发展而来的新型理论架构，通常被称作"新自由主义"。这一理论体系常常与亚当·斯密相联系，也在广大范围内被称为"华盛顿共识"[②]。它倡导以市场为主导的全球秩序构建，其执行核心由美国政府主导，世界货币基金组织和世界银行等美国影响力下的机构协助推行。关键的推动者是私有经济的坚定拥护者，他们在全球经济脉络中占据主导地位，不仅影响政策的塑造，还左右着观念的流传。其核心理念可归纳为"三化"：贸易自由化、市场自由化和私有化。这一目标旨在促使经济较为脆弱的国家开放市场，进而整合入全球市场体系，为发达国家扩展市场和追求利润提供便利。该书的导言作者罗伯特·W·迈克杰斯尼对此概念进行了补充，深化了对新自由主义本质的理解。他阐述道，新自由主义是当代主导的政治经济模式，其关键在于庞大的私人利益集团掌控着社会的广阔领域，从而实现个人利益的最大化。这一理念最初与里根和撒切尔紧密相连，近20年来，已成为全球主要政党推行的经济和政治趋势，它们的政策实质上反映的是极度富裕阶层和少数大型企业的直接利益。[③] 法国"马克思园地协会"主席科恩·塞阿则从全

---

① 哈耶克：《通往奴役之道路》，滕维藻、朱宗风译，北京：商务印书馆，1962年版，第29页。
② 诺姆·乔姆斯基：《新自由主义和全球秩序》，徐海铭、季海宏译，南京：江苏人民出版社，2000年版，第3页。
③ 诺姆·乔姆斯基：《新自由主义和全球秩序》，徐海铭、季海宏译，南京：江苏人民出版社，2000年版，第1页。

球化的崭新视角重新定义了新自由主义的内涵。他强调，新自由主义不仅是一种抵制国家干预的思想体系，更是资本在全球化进程中体现的意识形态实质。①

美国学者大卫·M.科兹提出，新自由主义是古典自由主义的一种演化形式，它不仅限于经济理论，更是一种政治姿态。他透过探究20世纪70年代企业界的政治立场变迁，揭示了新自由主义改革的动因以及这种思潮崛起的根本驱动力。那时，大型企业面临严峻的经济困局，资本主义体系中的竞争格局变动，迫使它们调整对经济政策的立场，从支持管控型资本主义转向拥护新自由主义的革新。这种转变可视作企业对经济不稳定的适应策略。与此同时，一些以美国企业研究所为代表的智囊团，积极倡导新自由主义的变革，得益于大型企业的慷慨资助，它们的影响力迅速壮大。加上媒体逐渐倾向于支持新自由主义的政策主张，这种理念在美国经济领域得到了飞速传播。最能体现企业转向的实例莫过于其在1980年总统选举中的角色，它们不仅助力了一位自称新自由主义的候选人入主白宫，还力促国会接纳这一思想，进一步推动了新自由主义在美国的盛行。②

多米尼克·莱维和杰拉德·都曼尼，这两位英国左翼学者，揭示了一种新兴的社会架构，他们称之为新自由主义，实质上是权贵和富人们借由金融管制的调整与市场开放策略，重新确立掌控地位与经济效益的手段。为了确保他们的主导权和积累财富，他们不遗余力地推行各种形式的自由化，以期实现一个理想中的乌托邦。在这个理想蓝图的构建过程中，任何潜在的绊脚石都会遭到新自由主义的挑战，比如政府、工会、社团、劳工团体以及各类协作组织。遵循新自由主义的教条，政府策划并实施了一系列经济与政治的行动计划，旨在扫清障碍，构建真正的自由市场，从而将新自由主义的理念转化为切实的政策行动。③

国内学术界基本达成共识的是中国社会科学院的新自由主义研究课题组对新自由主义概念的界定。这个课题组的观点是，新自由主义是西方经济学领域的一种流派，它承袭并发扬了古典自由主义的经济理念，主要的对抗目标是凯恩斯主义和社会主义。它是资本主义从国家垄断向国际垄断转型期间产生的理论体系与政策主张。"华盛顿共识"象征着新自由主义理论体系的成熟，它的形成与推广揭示了新自由主义不再局限于国界，而是演变成西方富裕国家主导的国际垄断资本主义经济模式的

---

① 刘卿，胡迎春：《新自由主义全球化的理论误区与发展中国家道路的选择》，《理论与现代化》2003年第1期。
② 大卫·M.科兹：《新自由资本主义的兴衰成败》，刘仁营、刘元琪译，北京：中国人民大学出版社，2020年版，第75页。
③ 阿尔弗雷多·萨德-费洛，黛博拉·约翰斯顿编：《新自由主义：批判读本》，陈刚等译，南京：江苏人民出版社，2006年版，第11-23页。

主导思想，同时也是他们意识形态扩张的有力工具。①

在国内自由主义研究领域享有盛誉的学者李其庆教授提出，新自由主义这一理念是资本主义社会经济、政治矛盾演进的产物。它在凯恩斯主义式微的时期崭露头角，巧妙地汲取了凯恩斯主义的精华。尽管新自由主义与古典自由主义一脉相承，却未能攻克资本主义社会中生产社会化与私人所有权之间的基本冲突。在推行新自由主义的发达国家，一方面，这种政策扩展了它们的生存领域，一定程度上舒缓了国内的主要矛盾。然而，另一方面，它也给全球资本主义秩序引入了新的冲突与危机。特别是，发达国家与发展中经济体间的鸿沟日渐加深，国内社会的贫富差距日益扩大，从而引发了对新自由主义愈发强烈的反对之声。②

通过国内外学者对新自由主义的多维度探索和定义，我们可以洞悉这个理论体系的复杂性和多样性。尽管新自由主义的分支繁多，观点交织，但学者们的分析已经逐步揭示了其演进轨迹和核心要素，从而为深化新自由主义的研究构建了坚实的理论基石。

（二）关于后金融危机时代新自由主义是否退出历史舞台的认识

对后金融危机时代新自由主义的认识概括起来主要有如下两种观点。

一是认为后金融危机时代新自由主义走向终结或衰亡。全球金融危机的爆发，引发了对新自由主义广泛而深刻的反思。普遍的观点是，这场自20世纪80年代起践行的经济理念，已在其后的金融危机中遭受重创，甚至被宣告结束或显著衰退。国际社会普遍将这起全球性的金融灾难归咎于新自由主义的推行。

诸如鲁姆斯·皮尔森、小罗伯特·埃米特·蒂勒尔和康拉德·布莱克等西方学者，他们的观点在国际学界引起了广泛关注，他们一致认为新自由主义的盛世已经逝去。其中，伊曼纽尔·沃勒斯坦这位重量级学者更是断言，我们正目睹资本主义新自由主义全球化时期的谢幕，他预测："在未来的十年里，新自由主义全球化将被历史学家视为资本主义世界经济的一次周期性波动。"③然而，资本主义在这次经济大调整之后，其经济发展的走向，究竟是恢复平衡还是陷入更大的动荡，仍然是悬而未决的问题。在英国，保守党和工党都曾公开批评新自由主义的缺陷，将2008年全球金融风暴视为撒切尔主义衰败的铁证。

有部分国内学者同样观察到，在经济发达的国家，新自由主义的影响正在逐步

---

① 中国社会科学院"新自由主义研究"课题组：《新自由主义研究》，《马克思主义研究》2003年第6期。
② 李其庆：《新自由主义本质辨析》，《经济学家》2004年第5期。
③ 伊曼纽尔·沃勒斯坦：《资本主义的新自由主义全球化阶段正走向终结》，路爱国译，《国外理论动态》2008年第5期。

减弱或走向颓势。以梅荣政和张晓红的研究为例，他们揭示了在经历国际金融危机后，新自由主义的主导地位已然动摇。他们认为，这场危机的根本动因是资本主义内在的基本矛盾，而新自由主义的理论与实践未能有效应对由此引发的社会经济不稳定。[1] 何秉孟和李千同样强调，美国的金融风暴及其引发的全球性经济冲击，实则宣告了以新自由主义为核心特征的资本主义体系，特别是以美国为代表的新自由主义模式，已经遭遇了决定性的失败。[2] 张新平和王展则观察到，曾经引领新自由主义改革潮流的英国，在新千年的进程中，正逐渐与撒切尔时代的理念拉开距离，这标志着新自由主义似乎正步入历史的尘埃。无论是在美国，还是在世界的其他角落，以新自由主义为基础的全球化经济策略，似乎都在无声地证实着这一理论体系的瓦解。[3]

二是认为新自由主义通过自身调整而卷土重来。朱奎的观点是，新自由主义是否能在后金融危机时期再度兴起，取决于其是否能满足现代资本的诉求以及其所在环境是否有所转变。[4] 他提出，新自由主义的资本主义经济危机是否能被避免或解决，将决定其是重振雄风还是走向终结。关键在于，新自由主义的根基是否稳固，它对现今资本主义体系是否仍具有适用性以及它所带来的危机能否被有效缓解或规避。

在金融危机的余波中，一些学者提出，资本主义社会实际上对新自由主义的经济理念进行了一定的修正，而非彻底摒弃。徐巧月和赵琪在他们的见解中提到："在后金融危机的时代，资本主义体系正经历着新自由主义与凯恩斯主义的交融过程。"[5] 他们主张，奥巴马采取的策略并非是对新自由主义的彻底否定，也并非是对凯恩斯主义的全面回归，而是从中汲取有利元素，以期在困境中找到出路，探索能推动资本主义持续演进的新型理论。这涉及在政府干预与市场机制、公有与私有经济、宏观调控与市场机制之间寻求一种新的平衡，以此重塑资本主义的发展模式。

在全球金融风暴的余波中，各国纷纷告别新自由主义的教条，开启了广泛的变革与调整。显然，新自由主义正处于一个充满不确定性的十字路口。然而，任何理论都不会自行消亡，它会通过自我修正和改进来应对不足，伺机重生。日本学者不破哲三坚持认为，新自由主义在短期内不太可能复苏，因为各国政府正在积极探寻

---

[1] 梅荣政，张晓红：《论新自由主义思潮》，北京：高等教育出版社，2004年版，第9页。
[2] 何秉孟，李千：《居安思危·世界社会主义小丛书：新自由主义评析》，北京：社会科学文献出版社，2012年版，第92—93页。
[3] 张新平，王展：《美国金融危机与新自由主义的破灭——新自由主义经济社会角度下的透视》，《世界经济与政治论坛》2009年第3期。
[4] 朱奎，王丽娟：《后危机时代：新自由主义的走向》，《马克思主义研究》2012年第4期。
[5] 徐巧月，赵琪：《后危机时代凯恩斯经济学的复兴和发展》，《吉林工商学院学报》2014年第2期。

其他途径，希望建立新的经济秩序①。然而，在资本的视角下，"资本本质上厌恶束缚自身的社会规范。只要资本主义体系继续存在，那么在不同的形势下，新自由主义的变种就有可能卷土重来。"②龙菊芳和吕兆华等学者也撰文指出，只要资本主义制度的基础不变，新自由主义就有卷土重来的潜在可能。这种重生的新自由主义，将会以更新的姿态，对现有模式进行包装和调整。③

在后金融危机的背景下，学术界对新自由主义的评价并未形成普遍共识，观点纷呈，各有侧重。因此，探究新自由主义的演变以及它在当代资本主义应对全球金融动荡时的角色，显得尤为关键。通过剖析历史脉络与现实应对策略，我们能以事实为根基，深入探讨新自由主义的真实面貌。同时，这种探讨也有助于揭示资本主义社会的内在规律以及预测其未来演进的方向。

（三）关于后金融危机时代新自由主义的变化以及未来走向的认识

第一，一些学者的观点指出，在经历金融危机的冲击后，新自由主义正经历着关键性的转型阶段。他们倾向于把2008年的全球经济衰退看作是新自由主义理念发生变革的一个显著转折点。由此催生出的理论见解纷呈。

其一，在面对日益显著的经济挑战时，发达国家正逐步反思其奉行的新自由主义理念，逐步倾向于强化政府在经济调控中的角色。法国知名学者热拉尔·迪梅尼尔与多米尼克·莱维洞察到，在后新自由主义的全球格局中，美国的主导地位已然呈现衰退态势，一个多中心的世界秩序正在悄然崭露头角。他们认为这场席卷全球的金融危机，不仅是新自由主义模式的一个转折点，更是现代资本主义走向新生的过渡阶段，即一个超越旧体系的全新社会秩序的萌芽。在危机初期，美国仅实施了适度的政策改革，但长远看来，未来将酝酿着深层次的转变。这些变革的实质，预计将是管理方式的强化，其不仅限于具体的经济管控，更涵盖了广泛的调控与指导策略。④因此，随着新自由主义模式的式微，美国及其全球经济伙伴未来面临的重大课题，将是寻求实体经济与金融业之间更为均衡的发展。

在分析后金融危机时期新自由主义的潜在演进路径时，大卫·M.科兹特别关注了其经济制度形态的转变。首先，他提出了一种可能，即新自由资本主义可能会持

---

① 祺明亮：《马克思仍然活着，而且活得很健康——日本共产党前主席不破哲三访谈录》，《红旗文稿》2010年第10期。
② 李菱：《如何看待中国当代社会思潮及影响》，北京：人民出版社，2018年版，第348页。
③ 龙菊芳，吕兆华：《后金融危机时代新自由主义的命运》，《广西教育学院学报》2011年第5期。
④ 热拉尔·迪梅尼尔，多米尼克·莱维：《新自由主义的危机》，魏怡译，北京：商务印书馆，2015年版，第367页。

续发展，但伴随着一定程度的改良，政府的角色将有所增强，对市场的调控力度或会提升。其次，他设想了一种管制资本主义的演化，其中企业不再仅依赖市场机制，而是借助国家力量和非正式制度网络，实现了自我管控。再次，他考虑了劳资双方可能达成妥协，从而催生一种以协调为主导的管制资本主义。最后，他也不排除一种可能性，即在这一系列变革中，资本主义制度可能会被一种新型的社会主义模式所替代，开创经济秩序的新篇章。①

日本学者不破哲三持有观点称，新自由主义不会因短期的经济困境而消亡。他强调，只要资本主义制度持续存在，新自由主义便会以某种形式，或是微调，或是显著转变，继续显现。②如今的全球经济体系，包括自二战结束初期建立的世界银行，国际货币基金组织以及相对较新的世界贸易组织，它们的基础大多建立在资本主义的根基上。然而，在经济危机期间，这种秩序暴露了其问题，因为新自由主义的理念极大地扭曲了经济规则。实际上，我们生活在一个混合的世界上，既有坚持资本主义的国家，也有追求社会主义的国家。在资本主义体系内部，亚洲、非洲和拉丁美洲的国家与发达资本主义国家在立场、经济成长阶段及利益上存在着显著差异。因此，在后金融危机的时期，我们必须认识到一个现实：多样的体制共同存在。这样的多元性与以单一资本主义为主导的世界秩序之间产生了深刻的矛盾，而且这种矛盾正在不断加剧。③

其二，在应对危机和新自由主义的消极影响时，一些国家开始积极探索自由主义模式的变体。特别是在21世纪的舞台上，拉丁美洲涌现了一批进步思想家，他们提倡了一种发展主义的复兴，以此对抗20世纪80年代至90年代在该地区盛行的经济政策。在欧美，左翼力量作为中下阶层的坚定捍卫者，对新自由主义的理论基础和实际应用进行了深度剖析，他们倡导"另一种选择是存在的"④，以此挑战新自由主义在金融、政治以及盎格鲁-撒克逊主导地位的霸权，重新确立了左翼的主导声音。

在经济的波动中，尤其是新自由主义带来的困境中，马克思主义的理论魅力得以重新焕发。中国特色社会主义的稳健前行，与西方新自由主义的困境形成了生动对照，这无疑验证了其正确的发展路径。学者程恩富深刻洞察到："我们需挣脱新自由主义与凯恩斯主义的理论枷锁，于国际垄断资本控制的自由化、私有化和市场化

---

① 大卫·M.科兹：《新自由资本主义的兴衰成败》，刘仁营、刘元琪译，北京：中国人民大学出版社，2020年版，第174页。
② 郑萍：《日本共产党前主席不破哲三解析"新自由主义"》，载于《世界社会主义跟踪研究报告（2010—2011）》，北京：社会科学文献出版社，2011年版，第74页。
③ 不破哲三，郑萍：《新自由主义的后果及走向》，《红旗文稿》2010年第23期。
④ 夏银平，倪晶晶：《另一个世界是可能的——法国左翼对新自由主义的批判性研究》，《当代世界与社会主义》2020年第1期。

的框架内,确保每个个体真正行使经济权利,特别是所有权,进而助力大众脱离贫困,推动构建公正的全球经济、区域和集团秩序。"①孙琳则强调,在新自由主义主导的全球化进程中,中国如何应对挑战,如何超越这一理论,正是展现中国特色社会主义道路科学性的重要关头。其中,中国倡导的新型发展理念,是马克思唯物史观与当代中国实际相结合的创新成果,是新时代中国特色道路的必然选择。这种发展理念既立足中国实际,又放眼世界历史。它在继承马克思对现代资本及其形而上学批判的基础上,无论在理论上还是实践中,实现了对新自由主义的双重超越。②

第二,国内外学者对新自由主义的未来发展展望各抒己见,呈现多元的预测趋势。其中,值得注意的几种观点如下。

其一,在国际学术界,一项由英国伦敦大学和美国马萨诸塞大学的杰出研究团队,包括 Marco Boffo、Alfredo Saad-Filho 和 Ben Fine 等学者共同揭示的现象引起了广泛关注。他们发现,全球正经历着一种新的政治趋势,即威权新自由主义的崛起,这是自由主义理念发展过程中的一种显著转向。他们的研究深入剖析了金融化和全球化所带来的复杂政治和经济矛盾。一方面,金融化和全球化催生了资本在世界范围内的自由流动,为财富积累创造了前所未有的机会,然而,这种积累的机制却未能同步发展,导致金融体系的不平衡加剧,金融深化现象愈发明显。另一方面,尽管全球化和金融化带来的经济利益主要集中在少数精英阶层,但其带来的社会与经济问题,如收入分配不均和经济风险的扩散,却由广大民众承担。这种不公正的现实引发了社会的普遍不满,为民粹主义和反体制力量的崛起提供了土壤,动摇了传统自由民主制度的根基。特别值得一提的是,民众对进步的渴望,如改善收入分配和提升生活质量,往往被保守派的论调所操纵,使得改革的呼声被民族主义、民粹主义乃至种族主义的局部情绪所淹没。同时,传统左翼运动的停滞以及对工人阶级团结与文化传统的侵蚀,进一步加剧了这种社会分化现象。这种局面提醒我们,必须重新审视全球化的治理模式以及如何在追求经济增长的同时,兼顾社会公平与和谐。③

其二,在 2021 年,葛浩阳和冉梨,两位中国的研究者,通过他们的论文《资本全球治理与美国对外经济政策转向》,揭示了新自由主义在后金融海啸时期的一种演变——新型的"新自由主义霸权"。这个时期,资本主义体系内的国家开始重新审视并调整新自由主义的框架,孕育出一种"非对称全球化"的趋势。这表明在经济全

---

① 程恩富:《应对资本主义危机要超越新自由主义和凯恩斯主义》,《红旗文稿》2011 年第 18 期。
② 孙琳:《新发展理念对新自由主义的超越》,《国外社会科学》2019 年第 6 期。
③ M. 博佛,A. 萨德-菲罗,B. 法因,汪家腾:《新自由主义资本主义:走向威权主义》,《马克思主义与现实》2019 年第 6 期。

球化的浪潮中，各国对不同国家和产业的开放程度呈现显著的不均衡性。通常，同等发展水平和技术水平的国家和产业倾向于采取相对保守的"浅度全球化"策略，而那些发展中或是技术落后的国家和产业则选择更为紧密的"深度全球化"合作。这种"非对称全球化"并非新现象，历史上如英国、美国、德国等大国在崛起的过程中也曾运用类似的方式。在全球化进程中，所谓的自由主义秩序并非真正的平等和自由，而是一种带有等级色彩的不彻底的自由主义。因此，这种秩序更妥当地被称为"新自由主义霸权"或"自由主义霸权体系"。①大卫·哈维也同样强调，新自由主义只有在与国家中心主义的结合中才能维持其生命。透过全球范围内的抗议运动，我们不难发现，新自由主义往往牺牲了大众的利益，以填满少数富裕阶层的财富，这种情况在20世纪80年代末和90年代初尤为明显。②

其三，新自由主义走向"逆新自由主义"。在金融危机的余波的冲击下，发达国家采取了一系列对策以振兴经济并应对社会影响，包括大力救市、强化金融领域的管控、推出新型货币政策、实施减税政策以及对社会保障和医疗体系进行改革。与此同时，其他国家也采取了诸如股市援助、利率下调、金融机构的国有化以及政府监管强化等手段。在与危机的斗争中，资本主义经济显现出的特征包括日益增长的贸易保护主义、制造业回潮以及对可再生能源开发的重视。这些应对策略与大萧条时期凯恩斯主义的反危机行动有所差异，它们似乎偏离了新自由主义一贯倡导的"私有化、自由化、市场化"的基调，展现出一种"逆新自由主义"的态势。③通过观察资本主义国家在危机中的应对策略、经济发展模式的转变以及自由主义历史演变的轨迹，我们可以推断以下几点：新自由主义正遭遇重大的挑战，其支配地位正面临动摇；凯恩斯主义在某些领域内显露出复兴的迹象，然而并未全面回归。发达的资本主义国家或许能在凯恩斯主义与新自由主义之间找到一个权衡点以求突破，但历史的教训显示，在全球金融危机周期性回归的背景下，新自由主义有可能再次抬头。

其四，新自由主义进入矛盾凸显的新阶段。随着垄断金融资本的推波助澜，新自由主义并未遭受摒弃，反而步入了一个更为严峻的境地。据清华大学的朱安东与王娜所阐述，这个新阶段的特征是经济困顿加剧，政治文化危机丛生，全球资本主义体系日渐深陷，内在矛盾更为激化。尽管遭遇了严重的金融危机，新自由主义的影响力并未实质上减弱，原因在于危机前，垄断金融力量已悄然掌控了西方资本主

---

① 葛浩阳，冉梨：《资本全球治理与美国对外经济政策转向》，《财经科学》2021年第1期。
② 大卫·哈维，祁明亮：《新自由主义方案依然活着但其合法性已然丧失——英国马克思主义学者大卫·哈维专访》，《吉首大学学报》（社会科学版）2019年第3期。
③ 韩佳玲：《后金融危机时期新自由主义的命运和走向研究》，内蒙古师范大学硕士论文，2017年，第27页。

义国家的政权，进而对政治、经济和文化的掌控权实现了全面驾驭。[①]当金融危机爆发，垄断资本以救市为由，动用大量公共资金，巧妙地让政府自救，确保其权力的稳固。这一举措的后果则是，金融危机的始作俑者非但未受公正制裁，反而在危机后迅速恢复，并进一步扩展了他们的影响力，至今仍强有力地影响着美国及众多国家的政治、经济和文化决策。因此，新自由主义并未因不再符合核心利益的意识形态而被舍弃，反而演变成一个新阶段，其特征是对中低收入群体进行更为直接的压制。

尽管措辞和表达方式有所差异，但学者们普遍认为，在经历金融危机之后，新自由主义确实经历了一次转型，展现出这一时期特有的面貌和体现形式。

三、相关概念界定

(一) 后金融危机时代的范畴和内涵

要界定"后金融危机时代"的概念，我们必须首先界定金融危机概念的含义。始于2008年并且迅速席卷全球的金融风暴，在2009年经历了动荡不安的一年后，到了2010年末似乎已趋于平静。国际经济在随后的岁月里逐步复苏，欧美国家的金融市场和资本市场也显现回温迹象。然而，这场金融动荡的余波尚未彻底消散，其引发的深远影响依然存在。因此，学术界普遍认为，全球正处于一个被称为"后金融危机时代"的阶段。

就后金融危机时代的定义，学术界普遍存在着两种理解。一种观点侧重于金融危机的时间跨度，鉴于其广泛的影响力和深远的破坏性，人们普遍认为这场危机不会迅速消退。通常，当金融危机达到顶峰，即大规模爆发的阶段，被视为危机的核心阶段，也被认为是金融危机的时代或者国际金融危机的时期。随着全球经济的逐步复苏和回暖，那段最为严峻的时期已经过去，国际金融危机似乎已步入了一个新的阶段。尽管如此，危机的余波仍然持续，只是影响力不再像高峰期那样显著。因此，这个危机影响依旧但程度减弱的阶段，被定义为"后金融危机阶段"或"后金融危机时代"。

另一种观点认为，在经济领域，当全球金融体系遭受重创，导致大规模经济停滞或衰退的阶段，通常将其定义为国际金融危机阶段。然而，若我们沿用这个术语去描述整个恢复阶段，可能会产生误导。事实上，当经济渐次展现出复苏迹象，国际金融危机带来的负面效应也随之减弱，这段时间被恰当地称为"后危机经济时

---

① 朱安东，王娜：《新自由主义的新阶段与资本主义的系统性危机》，《经济社会体制比较》2017年第4期。

期"[1]。在这个阶段，损失的缓解和经济的反弹是并行不悖的。

总之，在反思全球经济的变迁时，我们可以观察到两种对后金融危机时代的学术诠释，尽管它们在焦点上有所差异，但两者在当前的现实背景下均具备一定的解释力度。本书所采纳的"后金融危机时代"定义巧妙地融合了这两种观点。这个阶段标志着国际金融动荡的高潮已然成为过去，全球社会现今正处于危机的后续演变阶段。显而易见，全球经济的严峻挑战已在逐步减缓，复苏的迹象在各个角落显现，整体经济状况呈现出向好态势。然而，值得注意的是，金融危机的遗留问题尚未彻底解决，其对世界经济发展的长远影响以及对全球经济秩序的重塑，尽管已开始消减，但仍处在进行时，远未达到终点。

本书使用"后金融危机时代"这个概念并不是一个严格意义上的经济学名词，我们需意识到，它并非一个孤立的标签，而是对全球经济和社会在金融危机逐渐平息后步入相对稳定阶段的描述。尽管表面上趋于平静，但深层次的矛盾和挑战并未彻底消解，导致全球经济体系、国际关系等方面依然潜藏着诸多的变数和动荡。新自由主义在此背景下的演变并非偶然，它深受这个转型期的影响。因此，本书采用"后金融危机时期"这一提法，其目的不仅在于限定新自由主义变革的时间坐标，更在于强调这一特殊历史阶段对新自由主义特性的影响。它揭示了新自由主义在那个时期发生转变的深层根源，这些都是深深扎根于"后金融危机时期"背景下的产物。可以说，2008年的全球金融危机不仅是对新自由主义的一次重击，也触发了它内部的反思与调整，从而赋予了这个阶段的新自由主义鲜明的阶段性特征。

（二）新自由主义的内涵与外延

在对国内外学者关于新自由主义定义的综合分析后，我们可以将这一概念细分为三个不同的层面：理论层面、实施层面以及其背后的意识形态。

在理论的框架中，新自由主义作为一种迥异于凯恩斯主义的理念，融合了诸如芝加哥经济学派、伦敦经济学派、货币经济学派以及供给经济学派等多元经济理论。尽管这些学派的见解有所差异，但他们均致力于复兴亚当·斯密时期的古典自由主义精髓，倡导市场无所干预的自由经济，抵制凯恩斯主义推崇的政府调控。他们坚信，在政府不涉足的境况下，市场竞争能构建起最大化自由与效率的经济体制。

新自由主义，一种社会经济体系的转型浪潮，其源自英国和美国，继而席卷全球的资本主义体系，乃至发展中国家。这股变革的驱动力源于一套以自由市场为中心的经济学说，它力图验证其理念的正当性和效益。"里根经济学"和"撒切尔主义"

---

[1] 莫凡：《金融危机走向信仰危机何以可能——对"后金融危机时代"资本主义财产权异化与信仰虚无的考察》，《宁夏社会科学》2017年第1期。

正是这场实践中的璀璨明珠。在这些理论的指导下，众多资本主义国家推行了新自由主义的政策措施，如拓展私有化领域、削减政府福利、以货币供应量管理来对抗通货膨胀，并尝试瓦解工会。然而，新自由主义的实践之路并非一帆风顺，尤其是拉丁美洲频繁爆发的金融危机和俄罗斯实施的"休克疗法"带来的苦果，引发了对新自由主义实践的广泛质疑和批评。

在全球经济的脉络中，新自由主义作为一种社会思潮和价值导向，被国际资本主义用作推动全球化进程的工具。其核心目标是确保国际大型企业的经济优势。新自由主义的理念在国际社会中获得了广泛的认可，深深渗透到各国的政策与观念中。尽管新自由主义以"普世福祉"的旗号出现，但它实质上是跨国资本和企业的策略，他们打着为全人类福祉的旗号，实则在全球范围内进行文化渗透，通过削弱各国的经济保护措施，以实现世界市场的全面开放。

在学术领域，"新自由主义"一词蕴含着深远且多面的含义。争议的焦点并不在于这个词缺乏实质，或者其含义过于宽泛，而在于它被用来指代三种迥异的现象。首先，新自由主义象征着一种发达阶段的资本主义经济体制。其次，它涵盖了全球化进程中广泛采用的政治策略。最后，新自由主义也被视作一种意识形态，这一体系犹如无形的统治力量，弥漫在我们的周围，试图左右并束缚我们的思想文化。

在解析新自由主义的概念时，我们融合了对这一理论的多维度理解，将其视为资本主义演进中的一个特殊阶段，或者说是特定阶段的经济运作模式，特别指的是国际垄断金融资本主义时代的"新自由主义实践"。本质上，新自由主义提倡的是市场自由的哲学，视市场为无所不能的信条，同时也是霸权主义文化的一种理论表达。它的实践范畴涵盖了国内政策和国际战略的双重维度。当这种理论通过学术话语被提炼为一套学说，并被国家政策采纳，它就转变成了一个具体的经济理论框架或政策体系，比如侧重经济调控稳定的货币主义及其关联理论以及主张私有化、市场化和自由化的政策。在国家力量的驱动下，新自由主义引发了劳动关系、政府角色、产业布局，乃至全球经济架构的根本性制度调整，这些变革推动了资本主义模式的转型与发展。

四、研究思路与方法

（一）研究思路

本书研究的对象是后金融危机时代新自由主义的新变化。围绕这一主题，本书计划从以下几个方面展开。

第一章追溯了新自由主义的演化历程，继而聚焦于探讨那场具有深远影响的金融危机,是如何对这一经济理念产生冲击的。

第二章探讨了后金融危机时代新自由主义理论上发生的新变化,包括新自由主义市场—政府理论的新变化、国家和全球化理论的新变化、新帝国主义理论的新变化等。

第三章探讨了后金融危机时代新自由主义政策上发生的新变化,包括新自由主义策源地美国和英国的政策变化,以法国和德国为代表的其他发达国家的新自由主义政策变化以及亚、非、拉发展中国家"去新自由化"过程中的政策探索。

第四章探讨了后金融危机时代新自由主义对外战略上的新变化,主要论述了以美国和英国为代表的新自由主义国家对外贸易战略的新变化、外交战略的新变化和国际霸权战略的新变化。

第五章分析了上述后金融危机时代新自由主义发生新变化的基本特征和本质内涵。

(二) 研究方法

第一,文献研究法。本书采用文献研究法完成了以下具体工作:一是沿着历史的脉络,系统地梳理了相关文献,将新自由主义的理念置入自由主义演进和资本主义变迁的广阔时空背景中进行深入剖析。二是通过详尽的文献分析,提炼出新自由主义在新时代的转变迹象及其特性,从而为更深入的学术探索指明了方向,也为理论创新提供了可能的突破点。

第二,比较研究法。本书采取比较研究法是为了以更全面的视角剖析新自由主义的实际发展轨迹。在全球金融危机的冲击下,各工业发达国家在应对策略上呈现了显著的多样性,各有其独特的策略和关注焦点。本书在研究过程中,将致力于对各国危机应对措施进行跨领域的对比分析,揭示它们之间的共通之处与潜在规律。同时,我们还会沿着时间轴,对不同国家在不同时期的反危机举措进行深入的纵向比较,以期揭示其背后的普遍规律。这样的分析方法旨在为探索新自由主义的演化历程及其未来可能性提供有价值的研究线索。

第三,理论与实践相结合的方法。对金融危机以来的新自由主义的历史命运和走向研究,既要结合新自由主义本身的理论观点和发达国家的反危机政策措施加以探讨,还要结合危机后资本主义世界涌现出的新理念和观点,将其与现实的资本主义社会动态紧密联系起来。此外,我们还需站在马克思主义的视角,审视资本主义的理论发展和当代变革,从而提供多维度的解读。

五、创新之处与写作难点

（一）创新之处

创新之处在于，首先，研究的内容及使用材料新。本书研究金融危机以来的新自由主义发展状况，使用材料均为近十年的最新材料，研究新自由主义发展的最新动态。其次，目前学界对金融危机以来的研究较为零碎和片段，本书全面系统客观梳理了金融危机以来新自由主义在理论和实践上的发展变化，提供整体性的论述和判断。

（二）写作难点

第一，使用的材料新，所以搜集材料和整理材料、消化材料的阶段任务十分艰巨。解决方法：按照时间逻辑梳理主要发达国家新自由主义实践上的变化；按照新自由主义代表学派和代表人物梳理新自由主义理论上的变化，做到系统、全面地掌握第一手资料。

第二，学界对近十年来新自由主义发展趋势的判断人云亦云，辨别清楚各家之言有无道理有一定困难。解决方法：基于资本主义客观实际的变化去理解新自由主义的发展变化，做到实事求是，客观公正。

第三，容易跳入新自由主义话语体系的陷阱。解决方法：时刻以马克思主义基本理论和基本方法论为基准，批判地分析和把握新自由主义变化的本质。

第一章 新自由主义的历史脉络与金融危机之下的挑战

第一节 新自由主义的历史脉络

资本主义社会的经济、政治与社会问题的交织催生了一种新的理念，我们称之为新自由主义。它并非一蹴而就，而是经过了四个阶段的演化：起始与萌发，沉寂与重生，扩张与盛行。而现在，新自由主义似乎步入了第四个阶段，一个转型与困境并存的时期。自2007年美国金融危机的爆发，继而演变成2008年席卷全球的经济风暴，新自由主义的主导地位开始动摇，尽管它并未消亡，反而在阵痛中寻求着自身的调整与适应。

一、新自由主义的缘起与发展

资本主义社会的自由主义根源是自由放任的理念，这一理念并非偶然产生，而是历经几个世纪的演变。早在17世纪中叶，法国的商业智者勒让德尔就认为让市场自我调节是保障商业繁荣的最佳方式。随后，在18世纪50年代，一种名为重农主义的理念崭露头角，主张通过减少政府对经济的干涉来维护自然法则和个体权益。到了1776年，亚当·斯密的巨著《国富论》出版，为古典经济自由主义奠定了基石。在这部著作中，斯密阐述了以自然和谐为核心，包含"经济人的理性""私利推动"和"市场自我调节"等观点的理论，这些观点极大地塑造了自由市场经济体系的理论框架。随后的自由主义思潮与学派，在某种程度上都受到了亚当·斯密思想的深远影响。自由主义作为资本主义社会的主导思潮，随着资本主义社会的演进和变革，持续发展并丰富其内涵，直至今日仍发挥着重要的作用。

（一）新自由主义的创立与萌芽期：20世纪30—40年代

在20世纪30年代的时空中，欧洲的社会与政治气候正处于剧变之中。战后的余温尚未消散，一战的落幕伴随着德意志帝国的崩溃，威廉二世的退位以及哈布斯堡王朝在奥匈帝国统治的终结。这些事件似乎预示着，自由资本主义正逐步让位于垄断资本主义的新秩序。与此同时，共产主义的崭新实验在东方崛起，十月革命的成功催生了苏联，随之而来的是计划经济体制的实践，这给自由市场理念带来了前所未有的挑战。正因如此,古典自由主义经济学的信条,特别是其倡导的自由市场、竞争精神与自由贸易,遭受到了来自左翼和右翼的双重质疑。正是在这样的历史节点,奥地利学派内部,以路德维希·冯·米塞斯为代表的一群经济学家,他们坚守资产阶级古典经济学的阵地,捍卫自由市场的原则,自发地集结成一股学术力量,共同维护自由竞争和自由贸易的根基,形成了一股不容忽视的学术势力。

在20世纪30年代的欧洲知识界,一场围绕经济计算论题的辩论引起了广泛关注。这场辩论的一方是米塞斯及其门生哈耶克,另一方则是波兰经济学家奥斯卡·兰格。兰格及其支持者坚信,市场体系能够与计划系统巧妙地融合,利用市场机制来实现计划目标。然而,哈耶克及其同仁持有相反的观点,他们指出,所谓的社会主义计划经济不仅无法妥善配置资源,其本质还会滑向集权统治。在辩论过程中,兰格流露出对社会主义体制的温和支持,而哈耶克及其追随者则显露出对政府权威的深切疑虑和不信任。尽管这场论战未能得出明确的结论,但它却在历史的舞台上预示了新自由主义的崛起,并为哈耶克,这位未来新自由主义的旗手,提供了展现其理念的广阔平台。哈耶克因此被誉为新自由主义的先驱,他的著作《通往奴役之路》更是被视为该理论体系的奠基之作。

(二)新自由主义的冷落与复兴期:20世纪40—80年代

在资本主义世界的经济大萧条中,新自由主义理念悄然萌发,其诞生的时局显得尤为不合时宜。这场30年代中期的经济浩劫,无情地揭露了古典自由主义经济体系的缺陷,特别是其信奉的自由市场机制。这不仅是对萨伊定律的全面否定,更宣告了自由竞争资本主义时代的终结。在资本社会化的矛盾和私人占有制的生产环境下,经济衰退期中,人们受制于货币持有偏好、消费倾向减弱以及投资回报递减的心理规律,导致企业和个人的消费与投资热情骤减。这使得有效需求的不足日益严重,成为经济循环中的常态。因此,在危机面前,国家对民生的干预变得至关重要。随之而生的凯恩斯主义主张政府积极介入,刺激需求,推动经济增长。这段时期,凯恩斯主义的影响日益增强,与此同时,新自由主义也开始崭露头角,自由发展。

20世纪中叶,全球步出二战疮痍,战区人民在饥寒中渴求安宁与繁荣。这股强烈的民意诉求,催生了凯恩斯主义在五六十年代的盛行,国家垄断资本主义迎来了它的"黄金时代"。然而,凯恩斯的理论未能撼动资本主义本质的循环规律。70年代起,资本主义社会陷入了长达十年的"滞胀"泥潭,即高失业、经济停滞或缓慢增长与高通胀并存的困境。1973至1982年间,美国的失业率一度飙升至9.1%,1982年失业人口高达1220万人,刷新历史纪录。欧共体的失业率也触及10%,英国更达到了13.4%。整个经合组织的失业人口攀升至3050万人,逼近大萧条时期的4000

万人。美国的经济增长率在这一时期直线滑落，反观60年代的6.6%，增长率骤降超过60%。在1975至1979年间，英国、法国、德国、意大利和日本的工业生产年均增长率仅为2.6%，不及60年代的一半。美国在1979至1982年的44个月里，工业生产要么下滑要么停滞，欧共体国家也有超过30个月陷入同样的困境。同时，消费品价格犹如脱缰野马，60年代的年均涨幅为3.7%，而1970至1974年升至7.9%，1975至1979年更是达到了10.1%的高位。[1]

在经历了战后五六十年的复苏与繁荣，一个被英美等国主导的，尤其是以金融力量为核心的国家垄断资本体系，其霸主地位得到了显著巩固。随着科技的飞跃和生产社会化水平的持续加深，原有的国内市场似乎不足以满足这些垄断力量，尤其是金融巨头的扩张需求。简而言之，国家垄断资本，特别是国际金融巨头，正在探求突破国界束缚，以寻求全球范围内更广阔的利润空间。因此，这场被称为"滞胀"的经济困境，实则是反映了凯恩斯主义经济理论的局限，它已无法顺应国家垄断资本主义向全球一体化迈进的历史潮流。

在凯恩斯经济理论遭遇挫折的背景下，资本主义国家开始积极寻求新的经济学说以替代这一传统理念。于是，新自由主义思潮崭露头角，逐渐成为学术界和政策制定者热议的焦点。从20世纪40年代到80年代，这段时期见证了资本主义的反思与调整，同时也是新自由主义理论不断充实和复兴的黄金时代。

（三）新自由主义的蔓延与扩张期：20世纪80年代至2008年国际金融危机爆发

在哈耶克的引领下，伦敦和芝加哥的学派弟子们，特别是美国的里根总统和英国的撒切尔首相，将经济的困境归咎于凯恩斯主义的过度政府干预和开支。他们倡导的信条——市场化、私有化、自由化和全球一体化，成了反击的武器。这两位领导人，代表着垄断金融集团的利益，相继执政，将凯恩斯的理论束之高阁，让新自由主义在美英经济学界占据了主导地位。他们推行的改革以减少国家干预为核心，极大地充实了新自由主义的内涵。尽管两国的执行策略有所差异，但核心内容一致：大规模的私有化、限制政府对经济的管控、减税尤其是对富人和资本家的优惠、实施货币主义、压缩公共开支以及削弱工会力量。这些政策显然为私人资本，特别是金融资本的扩张铺平了道路。到了80年代初期和中期，美国和英国从长达十年的"滞胀"泥沼中复苏。按照马克思主义的经济周期理论，这可能是经济周期自然复苏的表现，然而新自由主义者们却将其视为他们理论的胜利，推动新自由主义进入了一个鼎盛时期。

---

[1] 何秉孟，李千：《居安思危·世界社会主义小丛书：新自由主义评析》，北京：社会科学文献出版社，2012年版，第32-33页。

自20世纪80年代起，一股势不可挡的全球化潮流席卷全球。尽管学术界对全球化的解读依然五花八门，但它对新自由主义的催生与全球扩散却无可争议。新自由主义理论强调，随着全球化脚步的加快，传统的民族国家及其政治体制正在失去其固有的根基，全球市场似乎成了应对世间万物的终极力量。这意味着要拆除国际贸易的樊篱，扫清资本与商品跨国流动的政策障碍。全球化，无疑是人类历史演进的潜藏动力，但同时，它也被烙上了新自由主义色彩，受制于少数发达国家的操控。在这些发达国家的主导下，国际峰会、协商谈判、国家立法文本纷纷转向，只为推动商品交易的跨国流通。国际货币基金组织的外汇管制"松绑"、欧盟的构建、世界贸易组织协议的持续扩张，本质上都是在为那些推行新自由主义的发达国家的利益服务。

自20世纪80年代起，一种以全球扩张为目标的经济思潮崭露头角，被称作新自由主义。这种理论坚信，自由市场的力量能够引领世界，通过推动全球化进程，构建起一个无缝连接的世界市场体系。在英国和美国等国的积极推动下，新自由主义的改革措施带来了一系列显著的成果。国际垄断资本主义随之以全新的政治与意识形态面貌，在全球各地蔓延开来，为新自由主义的全球版图扩张铺平了道路。这一时期，新自由主义的影响力如日中天，其触角延伸至世界的每一个角落。

在那段时期，一个显著的里程碑是"华盛顿共识"的诞生。这项由美国国际经济研究所引领，携手国际货币基金组织、世界银行、美国财政部以及多个来自拉丁美洲和其他地区学术机构的专家，在1990年共同制定的十点改革方案，主要针对的是拉丁美洲区域。部分"华盛顿共识"的政策建议颇具建设性，如强化财政管理，缩减赤字，抑制通货膨胀，以稳定经济大局。然而，整体来看，其政策主张深受新自由主义理论影响，过度倚重市场机制，推动公有企业私有化，提倡自由贸易，金融市场自由化，利率和汇率市场化，放宽外资管制以及减少政府干预。这些举措实际上迎合了国际垄断资本，尤其是国际金融巨头全球化扩张的需求。更为重要的是，当美国将这一理念施加于部分发展中国家时，新自由主义不再仅是经济策略，而是被美国政府意识形态化、政治化，并形成了一种模式。实际上，它变成了美国主导的新帝国主义策略，用以敲开发展中国家市场大门的工具。

在经历了先前三个阶段的演变后，新自由主义的理念在2008年金融危机之前已经深入人心。然而，这场全球性的经济灾难在2008年对新自由主义造成了沉重打击，自此，它步入了一个充满挑战的时期，不得不进行深刻的自我审视与调整。接下来的部分，我们将深入探讨这场危机及其对新自由主义后续影响的详细情况。

二、新自由主义的基本主张

在历经漫长岁月的演变后,新自由主义,这个经济学领域的庞杂体系,已经孕育出了多元的学派和纷繁的理念。当我们谈论狭义的新自由主义时,哈耶克无疑是其核心代表人物。然而,如果将视野拓宽,广义的新自由主义家族还包括了以弗里德曼为核心的货币学派,以卢卡斯为旗手的理性预期学说,科斯引领的新制度经济学,布坎南倡导的公共选择理论以及拉弗和费尔德斯坦所代表的供给经济学等诸多流派。对现今主导美英学术界的这部分新自由主义主流,其基本观点可以概括如下。

(一)新自由主义的经济和政治理论

1. 主张私有制,反对公有制

捍卫私有财产权利是新自由主义理念的基石之一。提倡这一理念的经济学家们积极推崇私有财产,同时对公共财产持有异议。他们坚信,私有经济体制相较于公有体制更能实现效率的提升。在私有制的框架下,个体出于自我利益的驱动进行生产活动,极大地激发了劳动者的积极性,从而提升了整体社会的经济效能,推动了经济的繁荣。尽管在私有制社会中,个人的财富收入呈现不均衡状态,但他们坚信,获取财富的机会对每个人来说都是平等的,因为财富的积累源自个人的辛勤付出。此外,新自由主义经济学家们认为,公有制不仅不能提升个人的工作效率,反而可能导致整个社会资源的大量浪费。米瑟斯,这位新自由主义的旗手,曾言:"没有私有财产,社会无法维系……可以说,唯有建立在私有财产基础上的社会方能存续。"他们视私有财产的保护者为社会、文化和文明的坚定守护者,是人类社会联系的坚固纽带。为了实现这一目标,他们不遗余力地追求并捍卫私有财产的价值[①]。

在维护个人自主权的议题上,新自由主义理论坚信私有财产权利优于公共财产权。它笃信每个人生来享有自由的天性,这种自由是不受限制的,体现在每个人对生产资料的持有和支配上,从而激发个体生产效率的提升。这一理论的杰出代表哈耶克,在其划时代的著作《通往奴役之路》中阐明,"私有财产是保障人们享有有限自由和平等地位的关键要素,它与自由市场相辅相成,构成了民主自由社会的基石"。[②] 他警示,公有制体制下,国家主导的集中规划和公共机构的行政指令会削弱个人自主性,滋生极权主义的风险。另一位新自由主义的倡导者弗里德曼同样强调,

---

① 路德维希·冯·米瑟斯:《社会主义:经济与社会学的分析》,王建民等译,北京:中国社会科学出版社,2014年版,第120页。
② 弗里德里希·奥古斯特·哈耶克:《通往奴役之路》,王明毅等译,北京:中国社会科学出版社,1997年版,第102页。

私有制是确保个人自由不受侵犯的根本保障。他坚信,市场这只"看不见的手"能够自然调节经济,使私人经济体系保持稳定,展现出自我平衡的能力。因此,他认为,走私有化和市场导向的经济发展路径是无可替代的选择。

在全球化进程中,新自由主义理念的推行与私有化紧密相连,被视作关键性的推动力。新自由主义的信条中,私有化的缺失会制约私有资本的全球扩张,同时妨碍国际一体化生产模式的发展。这种生产模式对大型跨国企业和掌控管理中枢的国家来说,无论是经济还是政治层面,都蕴含着显著的利益。因此,私有化不仅是全球化新自由主义理念的核心议题,也是其实施的先决条件,它承载着纲领性的指导思想,并渗透着深层次的意识形态与政治考量。

2. 主张市场自我调节,反对国家干预

新自由主义经济理念的核心,着重凸显市场机制的自我调节效力,这一观点深受斯密"无形的手"理念的影响。其核心理念追求构建一个全球一体化的经济市场,这里的前提是各国都应避免对市场经济进行干预,确保国际贸易和投资的无限制自由流动,这在全球层面是至关重要的。

资本主义体系下的市场经济,被新自由主义理念视为具备自我调控的能力,它能妥善地平衡自然资源的分配。自由市场经济以其内在的公正性和完备性为人称道。在这个体系中,市场充当了沟通买家与制造商的关键角色。消费者的需求通过市场机制传达给生产者,而生产者则依据这些信息灵活地分配资源,从而达成资源利用的最大效益。市场竞争的公正性确保了价格的公允性。历史长河中,最优越的制度莫过于以自由为核心的市场经济,其中,个人的完全自由被视为制度的基石。哈耶克曾强调,"尽管在竞争体制中,相较于那些出身优越者,穷人实现财富积累的可能性相对较小,但那些在竞争中脱颖而出的穷人,并非借由自由之力,而是得益于强者之惠。即便如此,竞争制度并未限制任何人的进取之心,反而为个人的财富追求提供了开放的舞台。"[①]

而在所有的自由之中,经济自由是最重要、最基本的,也是通向其他自由的必由之路。弗里德曼着重指出,经济自由在权力的聚合与分散中扮演着关键角色,它是获取政治自由的有效途径。得益于竞争性资本主义,政治自由得以推动,因为它实质上保障了经济的自由流动。这种经济自由的实现,唯有依赖于市场的公平竞争。新自由主义者坚信,应当坚决捍卫市场竞争,抵制任何形式的垄断。他们认为,垄断的存在犹如束缚,既侵蚀了自由的根基,又干扰了市场自我调节的机能,因此,反对垄断是不容动摇的原则。

---

① 弗里德里希·奥古斯特·哈耶克:《自由宪章》,冯兴元等译,北京:中国社会科学出版社,1999年版,第72页。

坚决支持自由市场理念的新自由主义学派，其核心观点是限制政府对经济的介入，崇尚个人主义与自由精神。他们坚信市场的自我调节能力，主张减少政府管制能让社会体系更流畅地运作。新自由主义者坚信，政府过多的干预实际上弊大于利，它会削弱市场经济的活力，抑制市场自我修正的功能，干扰信息的正确传递，束缚私人经济的活力，挫伤民众的积极性，进而拖累整体经济效能的提升。此外，他们认为国家的过度干预在政治层面会威胁民主基础，侵害公民的自由与权益，甚至可能在社会层面引发不稳定因素。

3. 主张培养个人责任观，反对国家福利制度

在新自由主义的视角下，推动自由市场经济的关键在于政府角色的适度缩减。他们主张通过收缩财政支出、缩紧货币政策以及简化行政法规来维护市场的自我调节能力。他们认为，过度的政府介入，尤其是社会福利的发放，会削弱个人的就业动机与储蓄意愿，进而加剧社会的经济不平等，形成一种恶性循环。无论是直接的公共投入还是间接的福利转移，政府的经济干预都被视作对社会生产力的潜在威胁。比如，失业救济金的存在可能会诱使人们放弃就业，选择不劳而获，从而实际上阻碍了社会的生产活动。这种福利政策的初衷本是减缓贫困，但在实践中，却可能无意中扩大了贫困的范围。国家设立福利制度的背后，是政府对市场机制可能的干预忧虑。这些干预，如对企业成本的影响，被认为会压抑创新与生产效率的提升，从而阻碍整个社会生产力的提高。著名经济学家哈耶克曾提出，西欧部分国家的民主党与英国工党理论家所倡导的"收入均衡"和"福利国家"的社会主义改良措施，实际上可能阻碍社会的长远发展。

新自由主义财政理念的核心是财政自律，强调"通过节俭和税收优化来确保收支平衡"①。同时，它提倡一种积极的社会福利哲学，主张福利的筹措应由企业、个人、政府及社会团体共同参与，拓宽资金来源，使之更具市场导向，以期提升资金的使用效率。这种福利观念着重于激发个人责任感，降低对福利的过度依赖，提倡调整失业援助以提升就业技能，推动自我发展，从而增强个体的自主性。此外，新自由主义还倡导社会平等，尤其是机会的平等，致力于创造一个能让人们在公正的环境中获得财富和权利平等机会的社会环境。

(二)新自由主义的全球秩序和制度安排理论

在国际垄断资本主义的浪潮中，经济全球化成了推进的引擎，而新自由主义的理念则充当了构建全球秩序的蓝图设计师。这一阶段的资本主义，已不再局限于国

---

① 邵海亚：《哈耶克的自由主义社会福利观解析——评〈自由秩序原理〉》，《公共管理评论》2014年第2期。

界之内,而是以全球为舞台,致力于打造一个以剥削为基础的资本主义体系,这一体系的核心,无疑是捍卫国际垄断资产阶级的至高权益。

在世界经济紧密相连的背景下,全球秩序和制度设计的显著特征就是不均衡。新自由主义假借全球化与社会相互依赖的旗号,实质上是为了确保国际垄断资本的经济利益。它们倡导以治理效能、善治原则以及全球治理为原则,意图将美国所主导的文化和机制模式推广至全世界,实质上是为国际垄断资本的利益最大化铺平道路。这种"普世化"的追求,隐藏的动机正是服务于国际垄断资本的经济扩张。

1. 对外推行"新帝国主义"

在战后的新时代背景下,一种被称为"新帝国主义"的外交策略在发达国家中崭露头角,它实质上是自由主义的衍生物。尽管二战的硝烟已随德、日、意三国法西斯的覆灭而消散,然而,这些经济强国对全球主导地位的渴望并未因此而减退。这种新帝国主义,可视为旧帝国主义的改编版,其核心在于通过推广西方民主理念和主流思潮,实现文化的全球渗透和影响。

与过去的帝国主义手法迥异,新形式的帝国主义采取了一种更为微妙的策略,旨在推广西方的理念。以美国和英国为首的新型世界强权,以捍卫人权为借口,大力宣扬其民主与自由,利用西方的价值观作为工具,干涉他国内政,推动政治经济的自由化。它们首先确保其他资本主义国家在经济上依附,继而将影响力拓展至新兴国家,表面上通过文化和经济的互动交流,实质上输出着它们的科技和金融力量。

实际上,这种新帝国主义致力于在社会主义国家和欠发达国家植入资本主义的制度与道德规范,同时削弱民族国家的独立性,鼓动某些国家强化军事力量,积极参与反恐行动。尽管戴着民主的"面具",新帝国主义的霸权主义本性仍难以掩饰,它无畏地挑战各国,特别是发展中大国的主权,无视其行为引起他国的担忧与谴责,强行将自己塑造为"世界守护者"的角色。

2. 敌视社会主义制度和计划经济

在新自由主义者眼中,社会主义体制被视为国家管控的象征,因此,他们对国家干涉的抵触实质上是对社会主义体系的敌视。他们坚称,社会主义政府推行的经济体系,本质上是全面的政府调控,在这样的经济模式下,市场的信号传导功能被削弱,私有权益和商业行为遭遇束缚,导致经济效能下降。由于国家干涉的广泛性,社会经济的活力大打折扣,伴随着高失业、高通胀以及巨额财政赤字,这些经济弊病不仅加重了政府的财政压力,还阻碍了生产力的加速提升。

在政府过度管控的背景下,凯恩斯经济学派所引发的通货膨胀被认为是源于不恰当的财政与货币政策,这导致了货币供应量的被迫增加。在政治辩论中,新自由主义的支持者无视了社会主义体制与集体所有制的正当性。他们坚信,社会主义制度本质上侵蚀了个人权益和经济自由，使得在社会主义国家，所有生产资料归属国家，政府机构对经济运作拥有至高无上的支配力。这剥夺了个人的自主选择，使得经济议题与社会议题交织成政治问题。这种"强权战胜弱者"的体系，正如哈耶克所警示的"致命的自大"，是通往"奴役之路"的源头。

3. 普世化的文化价值模式

新自由主义的理念倡导，西方文明具有独一无二的卓越特性，理应成为全球的文明基石。他们坚信，当全球化与这股西方主导的力量交织时，它赋予了前者以力量，使其能在国际舞台上通过压制较小的文化力量，进而谋取经济与政治的优势。这种压制方式往往迫使那些文化相对弱势的国家，遵照主导文化的意愿进行内部价值改革，实质上是为实现文化霸权主义的意图而服务。

自冷战终结以来，全球文明间的摩擦日益凸显。亨廷顿的观点是，世界范围内文明的冲突对美国的霸权地位构成了挑战，同时，他特别注重提及一种"普遍文明"的概念。他提出，人类社会在文化层面正经历着某种程度的融合，一系列的价值观、信念、导向、实践以及制度正在被全球不同民族所接纳。美国的独特之处在于，它从未遭受过外国的侵略和占领，也未曾经历过大规模的社会革命，其政治体系始终保持着惊人的稳定性。与其他国家的文化相比较，美国的持久安定被视作全球最优的文化典范，是塑造未来世界蓝图的模板。[1]美国政府设定了在新纪元中推广"美国式全球化"的目标。正是这种思维导向，推动了美国文化的全球辐射。

三、新自由主义在不同地区的实践

（一）英美发达国家

起源于英国和美国的新自由主义理念，其显著的转折点分别标志于两位重要领导人的执政时期：1979年，玛格丽特·撒切尔成为英国首相，1980年，罗纳德·里根当选为美国总统。这两位领导人皆是新自由主义的坚定拥护者，他们的上台促使新自由主义思潮在两国中再度盛行。撒切尔的保守政府遵循新自由主义的原则，实施了一系列自上而下的革新措施，与此同时，里根政府则依据相同的理念推行了被称作"复兴计划"的政策。这两个政府的举措在很大程度上不谋而合，无论在政策设计还是实质内容上，都展现了高度的一致性。

1. 私有化政策

在美国和英国，新自由主义的推行均以规模宏大的私有化作为起点。面对高通

---

[1] 塞缪尔·亨廷顿：《文明的冲突与世界秩序的重建》，周琪等译，北京：新华出版社，2010年版，第27—34页。

胀和高失业率的棘手挑战,撒切尔夫人在英国掀起了被称为"撒切尔革命"的社会变革,力图将国家重塑为一个彻底的"股东国家"。这场革命的核心策略包括:向私营部门转移部分公共资产的所有权,通过股票的形式,将公共部门的部分权益以股份的形式转让给私人;采用特许权招标的方式,让私营企业有权限在特定时期内生产和提供特定产品与服务,同时引入竞争机制;鼓励私企利用公共部门的劳动力资源;推动亏损国企的私有化进程,同时鼓励私人投资教育、医疗和养老领域。这些举措使超过半数的国有企业,如英国钢铁公司、石油公司和航空公司,成功转为私营,且在十年间,公共部门的雇员数量从700万锐减至500万。[①] 虽然撒切尔革命在控制通货膨胀和提振经济方面取得了显著成效,但在大规模私有化进程中,失业率的顽固不降以及社会贫富差距的加剧,无疑为英国未来的经济波动埋下了隐患。

1981年,美国总统罗纳德·里根推行的经济振兴策略已经悄然融合了新自由主义货币主义的元素,尽管他起先倾向于供给学派的观点。在他的领导下,联邦政府着手推行一系列私有化举措,通过压缩社会福利开支,同时逐步扩大私企与地方自治的管理范畴,以期降低国家级别的干预,并削减财政支出。这种策略在对抗当时的美国经济滞胀问题上起到了显著的积极作用。然而,值得注意的是,里根时期的政策改革也催生了新的社会经济现象,比如高额的财政赤字和贸易赤字,这些问题后续成了美国需要面对的挑战。

2. 减税政策

在撒切尔夫人主导的革新时期,减税策略占据了核心地位。她的经济革新方案中,尤为突出的是对个人所得税和企业所得税的削减。在她执政的十年光阴里,个人所得税的税率经历了显著的滑落,从高达33%的水平下调至25%;与此同时,公司税率也经历了大幅度的缩水,由原先的52%锐减至33%。通过这样的大幅度减税,撒切尔政府成功地激发了个人与企业的经济活力,有力推动了市场经济体系的繁荣与壮大。

在罗纳德·里根总统执政初期,美国国内经济笼罩着通货膨胀的阴霾。他的经济振兴策略核心在于大规模的减税措施。为了将这一目标落地,里根政府推行了《经济复苏税法》,在这部法律的框架下,个人所得税大幅度降低,同时,联邦政府对州税和地方税的抵扣权益被剔除。这样的举措实质上削弱了政府通过税收这一"无形之手"对经济的调控力度。然而,尽管英美两国的减税设计初衷似乎是普惠大众,现实情况却是,财富的分配仍然偏向了社会的顶端阶层,富人的财富积累在持

---

① 毛锐,赵万里:《撒切尔政府私有化政策特点分析》,《山东师范大学学报》(人文社会科学版)2008年第6期。

续加速。①

3. 紧缩政策

在与凯恩斯理论的对抗中，新自由主义的理念提倡削减国家在社会福利领域的开销，其立场基于对福利国家体制的质疑，认为它加重了政府的财政压力，拖累了经济效率与利润的提升，是对资本主义原则的偏离与挑战。因此，当撒切尔和里根执政时期，他们推翻了凯恩斯主义的"全面就业"主张，倡导劳工之间的"公正竞争"，以此途径来调控失业率至自然水平。

在英国的政坛上，玛格丽特·撒切尔积极推动社会保障的私有化进程，同时致力于通过工会法规改革来抑制劳工抗议，削弱工会的影响力，为大规模的私有化改革扫清障碍。与此同时，美国的里根政府在其经济振兴策略中，明确提出了预算削减方案，这项计划在1982年至1984年的短短三年间，总计减少了超过12000亿美元的公共开支。

在一定程度上，诸如英国和美国等先进经济体的新自由主义变革确实催生了一些积极的经济效应，比如帮助它们摆脱了"滞胀"的泥沼，孕育了经济的欣欣向荣。然而，这些变革所带来的负面影响不容忽视。首先，税收制度的调整引发了消费需求的剧烈萎缩，从而在一定程度上遏制了经济的持续增长。其次，公共开支的削减与私有化进程的加速，催生了泡沫经济，为资本主义体系的新一轮危机埋下了祸根。最后，工会力量的削弱以及对经济效益的过度追求，不仅未能有效降低失业率，反而加剧了贫富间的鸿沟，社会不平等现象日益凸显，进而触发了深层次的社会冲突。

(二) 俄罗斯和东欧地区

在苏联解体的90年代，俄罗斯响应了西方新自由主义思潮的号召，踏上了一条以资本主义为基石的改革道路。在这个转型时期，国家的社会主义体制被逐步替换，公共资源通过市场价格进行私有化处理，国有企业转型为私营企业，一场深入的企业所有权改革如火如荼地展开，全盘私有化的浪潮席卷而来，标志着新自由主义改革的正式启动。这一系列举措深受"华盛顿共识"的影响，它为俄罗斯及东欧诸国的经济革新提供了一种被称为"休克疗法"的激进策略。这种疗法的核心理念是通过实施紧缩的货币政策，严格控制消费，以期在最短时间内遏制通货膨胀的猛烈势头。因此，俄罗斯和东欧的新生国家主要采取了"休克式"的治疗方式，从货币调控和消费抑制两个关键点着手，开始了它们痛苦的经济结构调整之旅。

---

① 鲁保林:《"里根革命"与"撒切尔新政"的供给主义批判与反思——基于马克思经济学劳资关系视角》,《当代经济研究》2016年第6期。

1. 经济完全自由化

在俄罗斯，政府采取了一种激进的经济策略，采纳了新自由主义的"震撼疗法"。他们大幅度削减了对经济的政府干预，减少了官僚机构，全面解除了商品、货币、进出口的限制，几乎消除了所有经济约束，让市场力量自由决定价格、商业活动、汇率及对外经济交往。试图通过完全市场化的手段，来解决企业长期以来的亏损问题，俄罗斯政府推行了前所未有的价格自由化，塑造了一个极具竞争性的对外贸易环境。然而，这些国家正处于由计划经济向市场经济转型的初期阶段，企业还在摸索适应市场变化的途径，未能迅速掌握市场经济的精髓。因此，尽管给予了企业更大的自主权，但并未激发其内在活力，高额的物价反而让它们在自由化带来的通货膨胀面前显得无所适从。① 企业转型的速度远远超过了国家经济的实际发展步伐，加上缺乏有效的宏观调控，经济体系遭受到了严重的混乱。

2. 国有企业的全盘私有化

在俄罗斯联邦的行政策略中，国有企业经历了一次彻底的转型，政府采取了广泛的私有化措施，以期推动私有经济的蓬勃发展。在这个过程中，小型国有企业被策略性地出售给个人和团体，被称作"微观私有化"。同时，规模较大和中型的国有企业则通过转变为股份制企业的方式进行"宏观私有化"。整个私有化进程被精心规划为三个步骤：首先通过"证券私有化"启动，接着是"早期私有化"，最后是针对特定案例的"个别私有化"。然而，当时俄罗斯及东欧国家的整体经济实力尚未显著提升，财政资源显得尤为匮乏。这样的现实背景严重制约了私有化改革的顺利实施。尽管政府制定并尝试执行了多项私有化计划，但遗憾的是，这些努力并未带来预期的经济状况改善，积极而有效的成果并未显现。

遵循私有化策略的引导，大量的国家资产与企业被转移和出卖，目的是推动私企的成长，壮大私有经济的力量。② 相较于苏联东欧国家的旧体制，这些国家在推行新自由主义的私有化理念时，面临着严峻的挑战。为此，俄罗斯政府煞费苦心，大力推广私有化的观念，强调其合理性和优越性，致力于重塑公众的认知，使之接纳并支持这一变革。

3. 宏观经济稳定化

在宏观经济的稳定过程中，首要任务是遏制恶性通胀的迅速蔓延，通过严谨的财政与货币政策实施强有力的需求抑制，以重塑经济的和谐秩序。在价格自由浮动

---

① 徐坡岭、贾春梅：《俄罗斯经济转型：新自由主义的失败与社会市场经济模式的探索》，《俄罗斯东欧中亚研究》2017年第3期。
② 尹岁：《俄罗斯经济转轨为什么失败？——基于休克疗法的理论视角》，《现代经济信息》2016年第5期。

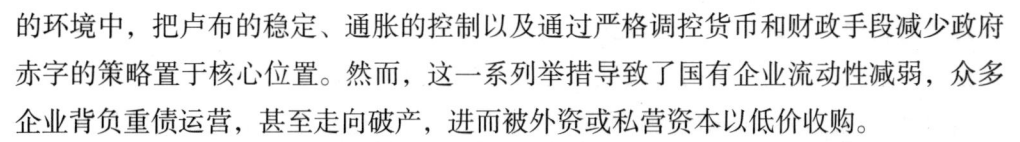

的环境中，把卢布的稳定、通胀的控制以及通过严格调控货币和财政手段减少政府赤字的策略置于核心位置。然而，这一系列举措导致了国有企业流动性减弱，众多企业背负重债运营，甚至走向破产，进而被外资或私营资本以低价收购。

与拉丁美洲国家的经历相似，俄罗斯和东欧国家在尝试通过"休克疗法"实现经济转型时，并未如愿迎来繁荣。仓促地全盘接纳资本主义体系，导致了国内企业与资本的大规模流失。严格的财政和货币政策压缩了投资空间，极大地抑制了生产活动与有效供应，使得经济陷入了极度萎靡，甚至滑向衰退的深渊。

（三）亚、非、拉国家

发达国家如英美，得益于新自由主义带来的繁荣与富裕，其经济如日中天。这些资本主义巨头借此良机，大力推广新自由主义改革的硕果，这在发展中国家看来，无疑具有难以抗拒的诱惑力。

1. 拉美的新自由主义实践

在拉丁美洲，新一代的领导人普遍对新自由主义理念表现出浓厚的兴趣。这片区域，由于其独特的政治经济环境，加上美国政府和国际货币基金组织的施压，深受新自由主义经济模式的影响。拉丁美洲的国家纷纷借鉴英国和美国的实践，采取了一系列新自由主义的政策举措，其中涵盖了税收体系的调整、大规模的国有资产私有化、社会保障体系的变革、金融体系的现代化以及对外贸易的深化改革[①]。

在一系列的积极举措推动下，拉丁美洲经历了短暂的经济蓬勃发展，踏上了复苏的阶梯，这不仅扭转了整体经济的颓势，还提升了对抗外界不稳定因素的能力，使得区域经济融合得以修复。然而，新自由主义在发达国家的影响远未止步于此，拉丁美洲国家却陷入了深深的贫困泥沼，伴随着高失业率的肆虐，公共腐败现象触目惊心。社会不安的浪潮中，恐怖主义和犯罪事件激增，种族冲突尤为尖锐，人口膨胀与女性地位的低下问题凸显，环境污染与债务危机更是雪上加霜，这些严峻的社会问题在拉丁美洲蔓延成灾。尽管新自由主义曾为拉美带来过昙花一现的繁荣，实质上，其经济状况未能实现根本性转变，甚至比改革前更为恶化。尽管如此，一些西方学者仍对新自由主义的负面影响持保留态度，他们竭力为其辩护。但是，总体来看，拉丁美洲的新自由主义改革无疑是走向了失败的终点。

拉美地区的社会经济困境有着深远的历史背景，而新自由主义的理念无疑加重了这一地区的困境，成了问题的催化剂。时间回溯到1998年，智利的美洲国家首脑会议提出了一个具有革新意义的方案，即"圣地亚哥共识"，这是拉丁美洲第一次试

---

① 李文：《新自由主义把经济全球化引向歧途》，《世界社会主义研究》2018年第11期。

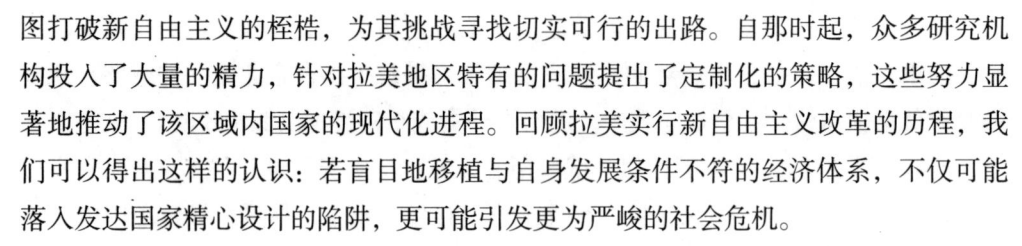

图打破新自由主义的桎梏,为其挑战寻找切实可行的出路。自那时起,众多研究机构投入了大量的精力,针对拉美地区特有的问题提出了定制化的策略,这些努力显著地推动了该区域内国家的现代化进程。回顾拉美实行新自由主义改革的历程,我们可以得出这样的认识:若盲目地移植与自身发展条件不符的经济体系,不仅可能落入发达国家精心设计的陷阱,更可能引发更为严峻的社会危机。

2. 亚洲的新自由主义实践

在20世纪80年代的全球化浪潮中,一股名为新自由主义的思潮席卷亚洲,为该地区的经济繁荣插上了翅膀。一些快速崛起的工业化亚洲国家,如泰国、印度尼西亚和韩国,积极采纳新自由主义的理念,采取了贸易自由化与经济商品化的策略,从而实现了经济的飞速增长。然而,这些国家作为发展中国家,相较于实力雄厚的西方工业化国家,经济基础较为薄弱。他们在追求高速经济增长的道路上,过于急切地推行自由化、私有化和市场化的政策,对西方新霸权主义的潜在威胁缺乏足够的戒备。同时,金融监管的宽松以及对外资开放的市场,吸引了大量外资涌入,最终酿成了亚洲金融危机的爆发。

这场危机对亚洲各国造成了深重的打击,尤其是泰国、印度尼西亚和韩国,货币大幅贬值,汇率市场动荡不安。而发达经济体在这一困境中看到了机会,它们加大了在金融市场的资本投资,利用投机手段牟取暴利。同时,发达经济体积极推行西方的普世价值观,试图在意识形态领域对亚洲发展中经济体进行渗透,这种攻势对亚洲经济体的发展构成了严峻挑战,犹如一场经济发展的噩梦。

3. 非洲的新自由主义实践

在90年代的初期阶段,新自由主义的浪潮悄然席卷了非洲大陆,以埃及为先驱者,引领了该地区的变革潮流。1991年,时任埃及总统的穆巴拉克与国际货币基金组织签订了一项名为《经济改革与结构调整协议》的文件,以此作为推动埃及社会向新自由主义转型的基石,旨在减轻国家沉重的外债负担。国际货币基金组织在此进程中提倡,埃及应打破公共财政的束缚,推进国有企业私有化,开放国内的资本市场,并强化金融系统的管理,同时积极吸引外来直接投资。按照国际货币基金组织的规划,它们为埃及设计了一个时长两年的改革蓝图,旨在加速埃及的贸易自由化与金融解禁进程。随着时间的推移,埃及在北非乃至中东地区的新自由主义实践中,逐渐树立起典范的地位。

第二节　金融危机之下新自由主义的挑战

一、理论危机：新自由主义名誉扫地

新自由主义理念倡导的经济解放进程，强调减少政府对经济的管控，让市场机制成为主导，也就是所谓的"无形之手"在自由引导。这涉及一系列实质性的变革，如开放资本价格机制、促进资金在全球的自由流通、拓宽金融机构的服务权限以及开放金融市场准入。其核心理念是通过资本在国际市场的逐利行为，最大化利润，这与新自由主义的根本信念是契合的。

自第二次世界大战以来，资本主义的发展体系，以美国为首，实质上已被垄断资本主宰。伴随着资本主义信用体制的进步和金融衍生工具的创新与演化，金融在经济生产中的影响力日益提升，呈现从垄断资本主义向金融主导的资本主义转变的趋势。在新自由主义理念的推动下，金融机构和金融投资的角色演变不仅仅是交易规模和盈利的扩充，更在于金融巨头们逐步超越服务提供者的身份，通过深化金融操作以追逐更高的经济利益。

根据联合国《世界投资统计报告》的资料，1997年的全球投资总值，约有85%是金融投资，达到了21万亿美元，相比之下，直接投资的份额显得较小，仅为3万亿美元。然而，到了2007年，国际商业舞台上的日交易额已经超过了3万亿美元，其中超过98%的交易量源自金融市场，特别是那些短期投资，有些甚至在一天之内就会到期。在全球金融自由化趋势的推动下，这些金融资本似乎不再受制于传统的时间、地域和实体形式，它们愈发追求国际垄断的利润最大化。然而，正是这种自由化环境，催生了大规模投机资金在全球范围内的高速流动，这些资金以追逐利润最大化为目标，对全球金融体系的稳定性构成了严重的挑战。这种资本的极度自由化，正预示着可能爆发的世界性金融危机。

然而，新自由主义学派坚信，繁重的政府管控与干涉，高额的企业税负以及强硬的工会保护策略，极大地打击了投资人的决心，进而抑制了国家经济的繁荣，制约了整体经济的进步。由于新自由主义对政府介入的漠视，在其倡导的去监管和自由化进程中，财务造假与会计欺诈行为泛滥成灾。这揭示了资本主义在新自由主义阶段的投机与欺诈行为的重现。在新自由主义体制下，这些欺诈行为印证了马克思关于"剥夺已扩散至中小资本家"[①]的观点，其核心是金融资本的迅速膨胀与集中，导致国际金融资本在发达国家的主要银行中不断积聚。在新自由主义的推动下，膨

---

① 马克思：《资本论》第3卷，北京：人民出版社，2004年版，第498页。

胀的金融资本逐渐摆脱了对生产资本的依附，资本从物质的金融形态中解放出来，获得了前所未有的流动性和独立性，最终在功能上产生了本质的变化，从支持生产资本的角色转向了独立于生产资本的存在。

在国际金融危机的阴霾持续加深，全球都在积极探索应对策略的时刻，对新自由主义理念的重新审议也在快速推进。尽管在里根时期，新自由主义的经济理念、信念以及政策曾成功地化解了"滞胀"的挑战，但它内在的冲突和不足也开始暴露无遗，给美国社会遗留下了一系列棘手的难题。其中最显著的问题就是收入分配的失衡，这导致了贫富差距不断扩大，进而加剧了社会的分裂与冲突。

对此，在一次访谈中，美国知名经济学家克鲁格曼曾指出，探究当今经济危机的根源，会揭示出一个重要转折点，那就是在里根担任总统的80年代初期，此时出现了关键性的误判。随着国际金融危机的爆发、演变及应对措施的实施，学术界逐渐达成共识，新自由主义经济的主张，无论是理论还是实践，虽然推动了虚拟经济的飞速膨胀，却未能解决自80年代起，包括美国在内的发达国家所遭遇的结构性问题。实际上，这些问题似乎在那时埋下了祸根。

当"华盛顿共识"在拉丁美洲引发一系列严重的经济动荡，人们对新自由主义的质疑与警觉开始萌发，其中墨西哥的金融危机便是一个显著的标志。这场在国内外文献中广泛被提及的货币贬值与股市紧缩事件，首次揭示了新自由主义经济理念，特别是其理论与实践中的重大缺陷。接着，始于泰国并席卷菲律宾、马来西亚、印度尼西亚、韩国、日本等地的亚洲金融危机，再次暴露了新自由主义的历史局限。虽然这场危机给亚洲地区带来了巨大的经济损失，欧美发达国家却未受波及，反而从中获利丰厚。它们将危机归咎于亚洲国家的新自由主义改革步伐不够，敦促它们进一步开放资本市场，加速自由化进程。面对这些金融动荡，尽管西方发达国家也意识到新自由主义内部的矛盾与不足，但由于早期的灾难主要发生在发展中国家，它们借助强大的话语影响力，巩固了新自由主义在全球经济架构中的主导地位。

二、政策摇摆：凯恩斯主义的回归还是新自由主义的继续？

在探索经济治理的道路上，我们面临着一个关键的选择：是回归以国家干预为主导的凯恩斯主义，还是继续沿着强调市场自由的新自由主义道路前行？这个抉择，无疑关乎政策的稳定性与经济的长远发展。

在资本主义国家，长期以来对新自由主义的信奉和推崇，导致它们在金融危机面前陷入了深深的困顿，这一体制的固有局限性阻碍了政府迅速且有力的政策制定。2008年全球金融风暴的猛烈袭来与迅速扩散，很大程度上源于决策的迟缓和执行的滞后。尽管西方强国在口头上宣称回归凯恩斯主义的庇护，但实质上，它们仍然笃信新自由主义的理念，实质的政策调整仍然服务于少数垄断金融资本的利益，以最大化其利润。这种状况在某种程度上，为这些垄断资本提供了一个以纳税人为主体的、进行掠夺和剥削的黄金时期。

国际金融危机的余波中，一个深刻的教训浮出水面：在竭力拯救大型金融机构的过程中，新自由主义的信条导致了债务的惊人转移，从私营部门转嫁给了政府和中央银行。这无疑加重了西方国家本已沉重的债务负担，催生了当前仍在蔓延的债务危机。这场始于美国次级贷款市场的全球金融风暴，无疑是新自由主义经济理念、政策和思维在全球层面的惨痛挫败。它揭示了新自由主义不仅欺骗并伤害了发展中国家，同时也对西方工业国家构成了严重的威胁。事实证明，新自由主义经济理论并非无懈可击，而是充满漏洞。这场危机无疑对新自由主义造成了重创，其影响深远。

在金融化、虚拟化和去工业化的潮流中，由新自由主义引领，美国的制造业基地迅速向海外迁移。从80年代的制造业产值占GDP的27.05%，到80年代的18.1%，再到90年代的15.64%，这个比例显著下滑。实体经济在GDP中的占比，从1950年的61.78%，锐减到2007年的33.99%，减少了整整27.79%。[①] 这表明，在新自由主义的指引下，资本似乎找到了一条无需实体生产过程也能获利的途径。美国的去工业化并非由生产力的大幅提升或技术革新引起，也不是中国和东亚其他经济体货币操纵或出口导向策略的直接后果，而是经济过度金融化和虚拟化的后果，是美国长期执行以金融为核心的虚拟经济战略的必然结果，即把国库资源大量投入金融领域的直接体现。特别地，这种高杠杆、高价值的虚拟经济模式，在新自由主义框架下，引发了资本的极度狂热。它追求在更短时间内获取更高利润，以更快的速度运转，这直接导致了实体经济的机会成本增加，劳动力成本上升，进而促使所有低价值产业被淘汰。

在探讨全球经济发展模式的演变时，戴维·哈维曾就美国的经济形态提出了独到的见解。他指出，美国逐渐呈现一种依赖服务业的国内经济结构，同时在国际舞台上，正向着以消费为核心的经济体系转变。[②] 尽管奥巴马政府在金融危机之后，尝试通过推动"再工业化"的策略来振兴制造业，但受制于资本运行的固有规律，这并未从根本上遏制美国实体经济，特别是制造业的衰退趋势。

在这场金融风暴中，美国的房地产行业遭受重创，几乎陷入崩塌边缘。同时，汽车制造业也深受次贷危机引发的经济大萧条影响，陷入了前所未有的困境，生产

---

① 庄宗明，孔瑞：《美国制造业变革的特征及其影响》，《世界经济》2006年第3期。
② 戴维·哈维：《新帝国主义》，初立忠、沈晓雷译，北京：社会科学文献出版社，2009年版，第55页。

和经营举步维艰。在资本追求利润的驱动下,制造业的海外转移似乎并未止步。这反映出,在新自由主义盛行的发达国家,如美国,工业化的经济成本不断攀升,而产业转型、教育升级和资源优化的进程却未能跟上,使得诸如高失业率等社会问题在短期内找不到有效的解决方案,因缺乏新的经济增长引擎而持续困扰着社会。

自全球经济遭受金融危机的重创以来,全球经济步入了一个漫长而微妙的转型期,这不可避免地引发了一个核心议题的讨论:在新自由主义催生的这场灾难之后,何种理念会接过主导世界经济的接力棒?新自由主义之后将是什么?究竟会以何种面貌示人?

在解析现今全球金融动荡以及西方资本主义国家应对策略的舆论中,常见的是"经济开放的逆转"与"凯恩斯主义复兴"的表述。然而,这些论断往往对凯恩斯主义的本质缺乏深入理解,简单地视其为政府对经济调控的代名词。实际上,凯恩斯主义是凯恩斯经济学的延伸,它的根基蕴含着以下几个核心观点:首先,资本主义内在的缺陷在于无法确保充分就业,且财富分配失调。其次,政府的角色至关重要,需要强化其权限,通过积极的财政与货币政策来调控总体需求,以期达到充分就业的经济均衡状态。最后,政府必须学会驾驭资本主义体系,以调控社会对商品与服务的需求。

在凯恩斯主义的视域里,自由化时代的特征是金融部门规模膨胀与利润率的无约束增长,这催生了金融创新的热潮。全球性的经济失衡日益加剧,家庭债务普遍累积,资产价格泡沫化,这些现象最终触发了自由化体制的瓦解。在这样一个动荡的环境中,任何内部或外部的震动都足以点燃危机的导火索。国际金融危机的爆发,标志着里根时代的放任政策彻底破灭,正如斯蒂格利茨所言,这是"新自由主义时代的终结"。在经济学领域,保罗·克鲁格曼因其对经济衰退的深刻洞察,尤其是作为新凯恩斯主义的现代旗手而备受瞩目。早在90年代,他就对亚洲的经济危机做出了准确预测。2008年,他荣获诺贝尔经济学奖,这在一定程度上反映了西方社会对凯恩斯主义在应对当前全球危机中发挥关键作用的期待。

实际上,在2008年全球金融风暴的冲击下,凯恩斯理论几乎成了各国政府的唯一倚仗,纷纷采取了凯恩斯式的救市策略。然而,这并非毫无争议。一些经济学家对这种干预措施表示深切忧虑,自由派经济学家加里·贝克尔和凯文·墨菲就是其中的代表,他们对美国政府的大规模援助持有异议。他们认为,政府的介入不仅增添了市场的不确定性,还可能阻碍了市场自然的修复过程,反而延长了问题的解决时间,正如他们所警示的:"尽管这些激进的对策可能短期缓解,但长远来看,可能会产生严重的副作用。"①持反对意见的经济学家，比如加里·贝克尔、爱德华·普雷斯科特以及其他坚守自由市场原则的学者，他们将金融危机归咎于凯恩斯主义的贯彻执行。他们指出，美国民主党执政期间过度的政府干涉，导致了住房市场的泡沫，让本无力购房的人拥有了房产，这正是危机的根源。他们坚信："问题的症结不在于市场，而在于政府的过度介入，政府本身成了问题的一部分。"②

三、总体判断：新自由主义并没有退出历史舞台

随着凯恩斯主义逐步挑战并试图替代新自由主义的统治地位，一个棘手的挑战浮出水面，那就是困扰西方各国的主权债务危机。这一危机与金融危机的交织反映出，用凯恩斯的经济理念彻底战胜新自由主义并非易事。消化自由经济的苦涩后果显然需要时间的沉淀。同时，凯恩斯的理论并非全能的解药，西方国家采取的救市策略本质上是临时的危机应对策略，如国有化金融体系，这些"并非长久之计，也不是意图让政府主宰经济，只是权宜之计"。③可见，西方国家为应对国际金融危机而进行的大规模、前所未有的干预，并不意味着完全"埋葬"了新自由主义，而是必须在经济形势好转时立即进行金融体系的资本结构调整。因此，我们不应将西方对2008年金融危机的大规模、史无前例的干预视为新自由主义的终结。尽管那次危机严重冲击了新自由主义的经济理念和实践，但它并未轻易地退出资本主义的历史舞台。毕竟，新自由主义通过私有化、自由化和市场化，有效地维护了垄断金融资本的利益。这导致了一种矛盾的现象：尽管对新自由主义的质疑日益增加，但自危机以来，全球经济的总体发展趋势似乎并未发生根本性转变。

首先，全球经济在金融危机的余波中蹒跚前行之际，金融市场却呈现了异乎寻常的膨胀态势。各国政府对潜在的金融风险并未因此而放松警惕。经历危机之后，无论是发达还是新兴市场，政策制定者们纷纷采取了极度宽松的货币政策，通过量化宽松、资产购置及放任无约束的金融交易，大力度地向市场输送流动性，以期刺激信贷增长。然而，信贷扩张的速度却远超GDP，这在一定程度上意味着自危机以来的大量借贷并未有效地推动实体经济的发展。尽管美国和欧洲在次贷危机之后强化了金融监管，但银行业在抑制冒险投资方面成效甚微。金融衍生品的繁荣催生了国际金融机构间前所未有的紧密联系，资产与负债的全球网络使得财富与风险并肩增长。大型银行不仅在全球范围内扮演着风险资本的主要推动者角色，还深度涉足

---

① 加里·贝克尔，凯文·墨菲：《勿让金融危机葬送资本主义》，英国《金融时报》2009年3月23日。
② 引自美国里根总统1981年的就职演讲。
③ 保罗·克鲁格曼：《萧条经济学的回归和2008年经济危机》，刘波译，北京：中信出版社，2009年版，第176页。

各产业领域。一旦衍生品泡沫破裂，新的重大经济危机似乎不可避免。这清晰地反映出，如果不能从根本上解决引发2008年国际金融危机的风险根源，金融自由化的进程以及其全球范围内的扩展趋势恐将持续。

其次，在经济的动荡中，银行业格局发生了显著变化，大型银行的统治地位愈发稳固，与此同时，非银行金融实体的财务实力也显著增强。经济萧条时期，往往是市场整合的催化剂，尤其是对企业界，尤其是金融领域，小型企业往往在这场"弱肉强食"的竞争中败下阵来。数据显示，金融危机过后仅仅六年，美国银行业的集中化程度达到了历史峰值，那些被认为"太大而不能倒"的银行，规模在危机后非但没有缩减，反而更加膨胀。值得注意的是，政府对金融体系的大规模支持在推动银行集中的过程中扮演了重要角色。

最后，信贷增长对经济刺激的乘数效应正在下降，部分国家继续受益如同潮汐反复，信贷扩张对经济的提振效果日渐减弱，而一些国家仍能体会到其正面影响。全球主要经济体的趋势趋于同质，贫富悬殊的现象却日益加剧。特别是在新兴市场，起初，为抵御经济风暴而大量释放的货币，确实借由商业银行之手提振了实体经济。然而，这种政府对金融体系的援助，实质上是用公众的财富在无形中补贴了金融机构。在低利率甚至无息的环境中，存款者的利益让位于借款人，资产价格的飙升更是让银行家和资产丰裕的富裕阶层得益，从而加剧了社会的贫富鸿沟。

无疑，这场风波揭示了富人利用纳税人资金救助、贫困人群为富裕阶层买单的现象。它不仅未能削减那些掌控经济命脉的金融巨头的力量，反而在无形中壮大了他们的势力。事实上，确保金融大亨的主导地位，不仅是新自由主义政策的自然衍生，更是其核心理念的忠实体现。

鉴于上述情况，我们不得不正视一个事实：自2008年金融危机以来，新自由主义并未消亡，反而在全球经济体系中持续占据主导地位。尽管它被广泛认为是导致那次世界资本主义体系动荡的根源，但新自由主义的影响力至今未减，依旧在塑造着全球经济的格局。它的影响远未止步于学术争论或历史回顾，而是以破坏经济和社会进步的显著方式，持续在全球范围内书写着负面的记录。我们所面对的，是一个关乎全球民众生活质量和生存安全的紧迫现实，而非理论探讨或对过去的反思。

审视新自由主义的演进脉络，它的兴起无疑是资本主义发展各阶段的逻辑结果，亦是西方社会广泛认可的意识形态。新自由主义的理论根基着重于市场化导向，并力图将此理念全球化。尽管表面上，这些理念似乎回归了斯密时代倡导的古典自由主义，但必须指出，新自由主义的演进深深植根于资本主义的新形态和历史阶段转变中。因此，如果说古典自由主义守护的是私人财产权和产业资本的自由，新自由主义则侧重于维护垄断金融资本的权益。简而言之，在新自由主义的框架中，自由仅仅是一种象征，其核心实质是国际垄断资本主义的系统化理论诉求。所以，尽管新自由主义派系繁多，定义各异，其核心主张可大致归纳为三个方面：市场化、私有化和自由化。无论是激进还是温和的新自由主义，都无一例外地推崇市场无所不能的理念，同时坚决抵制国家的干预行为。

在2008年全球经济的动荡中，金融自由化的推行被视为新自由主义理念的产物，这场灾难性事件对全球的经济体系造成了深远的影响，并对新自由主义的核心理念和实践方式引发了广泛质疑。尽管如此，新自由主义仍作为资本主义体系的核心理念，在金融危机后的时期中持续影响着世界。经济危机促使各国在国际政治格局的演变中重新审视和发展自身的战略，无论是倡导新自由主义的发达国家，还是被迫采纳这一模式的发展中国家，都根据国情调整了内外政策。新自由主义在新时代背景下所面临的挑战和议题，促使支持者们开始反思，并逐步对其理论框架进行修订。因此，新自由主义的理论内容与实践应用正经历着革新性的转变。

第二章 后金融危机时代新自由主义理论的新变化

2008年国际金融危机爆发后,新自由主义呈现衰败的态势,但是新自由主义并未偃旗息鼓。尽管其理论基础遭受了严重的信誉危机,新自由主义却在自我审视与改革中焕发出新的面貌,使新自由主义的资本主义得以重建推动了一种改革版的资本主义的崛起,依然在意识形态的舞台上占据主导地位。

第一节 新自由主义关于市场—政府理论的新变化

在新自由主义的理念架构中,探讨政府与市场的互动至关重要,这其中包括哈耶克、弗里德曼和布坎南等重量级学者的深入探究。新自由主义的核心观点在于,市场被视作一种卓越且近乎全能的机制,它在分配资源的过程中扮演着关键角色。市场能有效运作,依赖于一个竞争自由的体制,而政府的过多介入或管控,往往被视为对市场经济健康成长的束缚。在经济学家们对金融危机与经济困境的解析中,他们区分了国家干预和经济自由的立场。在应对危机和短期调控中,他们似乎倾向于回归凯恩斯主义的策略,但在全面接受国家干预的议题上,共识并未达成。然而,金融危机揭示了市场与政府之间某些固有矛盾的不可调和性。因此,在新自由主义遭受严峻考验的当口,这一理论必须重新审视市场与国家的连接,反思其对市场的绝对崇尚,并在某种程度上倡导政府作用的回归。

一、芝加哥学派反思市场的有效性

在20世纪60年代的西方世界,一个以斯蒂格勒、博克、德姆塞茨和波斯纳等人为先锋的经济学思想流派——芝加哥学派崭露头角并逐渐主导了学术界。值得一提的是,斯蒂格勒,这位芝加哥学派的杰出代表,因其在产业组织理论上的开创性贡献,于1982年荣获诺贝尔经济学奖。他的力作《产业组织》,出版于1966年,正是芝加哥学派理论体系走向成熟的象征。该学派的核心理念可概括为经济自由主义与社会达尔文主义,这一传统可追溯至奈特时代,深深地烙印在芝加哥大学的学术精神中。芝加哥学派的理论根基是新古典经济学,力推自由竞争的理念,坚信市场效率是良好市场结构的体现，对政府干预市场持有坚决的抵制态度。由于他们特别强调市场效率的极致效能，故常被冠以"效率至上"的称号。

在金融危机的余波中，芝加哥经济学派饱受其反托拉斯观念和市场完备性理念的质疑。这个学派开始对其先前的观点进行反思，尤其在面对市场失灵的现实时，他们承认了单纯依靠市场机制无法自发解决垄断问题。这一时期的芝加哥学派，由于其理论的重塑与修正，被学术界称为"后芝加哥经济学派"。其中，加里·贝克尔和卡尔·夏皮罗等学者成了这个新阶段的标志性人物。

（一）重新认识市场失灵问题

新古典经济学理论的信徒，即芝加哥学派，坚信经济效率是评估市场和企业行为的金科玉律。他们主张，只要政府不设置人为的障碍，市场自然会通过竞争形成最优化的结构，这个结构直观地反映出企业的运营效率。在这种理想状态下，任何对市场结构的干涉都被视为对市场机制正常运行的干扰。事实上，行政壁垒在市场中极为罕见，这意味着即便市场呈现垄断的态势，只要运行效果良好，政府的介入就显得多余。他们的政策导向聚焦于抑制市场分割的不正当行为和横向价格联盟，而对企业合并、主导企业的行为以及垂直限制，除非明确证实会损害效率，否则应保持宽松态度，因为"这些现象多数时候反倒是效率提升的推手"[1]。总的来说，芝加哥学派笃信自由市场和经济自由的教条，他们在公共政策上坚决抵制政府过度干预，包括反垄断法规，坚信市场的自我调节能实现最佳秩序。

从20世纪70年代开始，西方的资本主义社会经历了一段经济增长缓慢但通货膨胀加剧的特殊时期，这一现象被称作"滞胀"，它对凯恩斯经济学理念构成了严峻的考验。在这种历史背景下，芝加哥学派异军突起，其学者们积极地剖析了政府干预失灵的现象，并且逆向论证了市场失效并非源于市场机制的本质缺陷，而是由于市场机制未能得到充分的施展。他们提出，即便市场存在某些不足，政府的失灵更可能使得管制措施适得其反。[2] 因此，芝加哥学派彻底颠覆了新古典经济学关于政府在纠正市场失效中扮演次要角色的观点。他们主张，资本主义国家应当抵制政府过度干预，转而采取更加市场化的策略来应对市场失效的问题。

在应对市场失灵的议题上，新自由主义学派的共识是，即使市场存在缺陷，政府的介入往往弊大于利，甚至可能加剧社会、经济和环境的困境。以货币主义的旗手弗里德曼为例，他几乎在所有领域都抵制政府对市场的干涉，坚信一个社会的固

---

[1] 许新华:《西方市场结构理论评述》,《科技创业月刊》2016年第14期。
[2] 杨静:《新自由主义"市场失灵"理论的双重悖论及其批判——兼对更好发挥政府作用的思考》,《马克思主义研究》2015年第8期。

有失业率主要由经济体系本质决定，政府的努力无济于事。即使在通常认为政府应扮演关键角色的公共部门，弗里德曼也持怀疑态度，对政府的介入持否定立场。理性预期学派则认为，在公众无偏见的预见下，政府的行动只会带来经济的动荡。此外，公共选择理论强调，政府并非超然于经济主体之外，它也是由追逐特定利益的个体组成，而非追求公共利益，这导致政府决策可能存在腐败或私人利益的干预，从而引发效率低下。因此，产生了诸如"规制俘获理论""寻租理论"[1]等等理论，质疑市场经济运作的正当性。产权学派则主张，市场机制的不完善或是外在干扰是产生市场失灵的主要原因，主张通过强化市场机制，让其自然运作，市场失灵的问题便能自行消解。

然而，在2008年全球金融风暴的冲击下，市场机制的局限性暴露无遗，成了全球关注的焦点。随之而来的后危机时代，以芝加哥学派为代表的部分新自由主义的流派和分支，开始反思他们对市场的无暇假设，不得不面对市场的不完全性。尽管该学派试图将市场失灵的根源归咎于政府的失职，但在那场席卷全球的经济动荡和混乱中，他们也不得不承认，市场自身也存在着无法自愈的缺陷。

第一，芝加哥学派对市场失灵问题进行了反思，首次承认市场是不完美的。在对市场机制的深入探究中，芝加哥学派开创性地质疑了市场的绝对有效性，首次揭示了市场的潜在缺陷。这些缺陷主要体现在四个方面：首先，市场参与者并非无限，厂商之间的互动策略形成了复杂的游戏格局，他们并非被动的价格接受者，而是积极的策略制定者。其次，厂商获取信息并非零成本，而且几乎不可能全面掌握市场动态、对手成本以及未来趋势的全部信息。再次，信息的不平等分布是现实市场的常态，信息优势方往往能利用这一差距获取额外利益。最后，由于沉没成本的影响，市场中的竞争并不完全，既有厂商和潜在竞争者的较量并非在同一起跑线上展开。

为了研究市场的不完美性，芝加哥经济学派的经济学家倾向于将均衡模型视为对现实的解读。传统上，这个学派视均衡框架为一种理论构想，经济学家的核心议题在于，现实世界如何趋近于这种理想化的模型。理想模型并非旨在批评或复述现实，它更是一种构建，用于解析现实生活中的潜在现象。实证研究则作为工具，帮助我们确认这些现象的存在及其表现方式。从这个立场来看，市场中的失衡不必然意味着功能失调，不完美的市场机制也可能优于其他现存的选择。值得注意的是，芝加哥学派虽然肯定自由市场在理论上是理想且无懈可击的，但他们的研究重心更多地放在了分析实际市场是如何在运作中偏离了理想的理论框架的。

在芝加哥学派的视角中，市场犹如一个不断自我调节的活体，时刻在现实与

---

[1] 王凯军：《现代西方产权理论研究综述》，《合作经济与科技》2015年第20期。

静态平衡之间寻求动态的和谐。任何理想价格与实际状况的偏离，都被视为盈利的潜力信号，价格机制则在其中扮演了传递讯息与激励调整的关键角色，这正是市场不可或缺的核心机能。市场并非固守一隅，而是随着外部环境的演变，从一种平衡状态流畅地过渡到另一种。然而，在后金融危机的年代，曾经被视为经济学金科玉律的自由放任政策在实践中遭遇了严峻挑战。以往，英美等资本主义社会普遍遵循"大市场、小政府"的市场教条，主张彻底的自由竞争。然而，修正后的芝加哥学派意识到，真实的市场并非尽善尽美，或者说，现实市场的特性往往难以完全符合新古典经济学对完全竞争市场的理想化描述。

所以当美国自由放任的金融市场助长了最终导致全球次贷金融危机的恶果时，欧美舆论，尤其是欧洲的左翼力量，对美国自由放任的金融市场的批判达到了高潮。他们呼吁增强国家的调控力度，以矫正市场的失灵，强化监管措施。《纽约时报》在深度剖析中指出，那些置身市场中的投资者过于短视，未能与社会普遍追求的长远目标保持一致，从而酿成了巨大的错误。[1] 还得注意的是，知名经济学家，曾是汇丰银行掌门人的罗杰·布托，在其著作《市场的困境》中直言不讳地提出，正是市场的无所不能性，引发了这场金融风暴的根源[2]。

第二，鉴于上述理解，后芝加哥学派的经济学家们提出，厂商在实际市场中的策略行动可能导致垄断现象的滋生。他们认为，市场机制本身不足以应对并消除这种垄断趋势。于是，他们主张政府应介入，利用反垄断法规来规范企业的行为。这派学说植根于新古典经济学的理论基石，其核心的反垄断理念旨在提升经济效率，更具体地说，是通过优化资源分配来实现这一目标。

在应对金融危机的后续阶段，芝加哥学派开始深入探究市场经济与政府干预之间的冲突如何引发了资本主义体系的动荡。大卫·科茨，这位来自美国马萨诸塞大学的政经学教授，同时也是世界政治经济学学会的副主席，持有观点，尽管新自由主义推崇的市场主导在短期内能刺激高额利润和经济增长，市场的不稳定性终将诱发系统性的经济危机。[3] 然而，在芝加哥学派的视角中，衡量资源分配效率的关键是整体社会福祉，它由生产者福祉与消费者福祉组成。一旦企业的行为导致社会福祉下滑，就被视为无效率，甚至是垄断行为。然而，局部均衡分析可能显示，尽管消费者利益受损，但生产者利益和社会福祉提升，这种情况下，尽管消费者福利下降，但这不被视为垄断。简而言之，当消费者福祉与社会福祉相冲突时，个人消费者的

---

[1]《西方反思制度弊端寻找"救赎"途径》，《经济参考报》2013年2月3日。
[2]《金融危机重创资本主义信仰》，《经济参考报》2012年2月6日。
[3] 刘子旭：《马克思主义政治经济学与中国的未来发展——访美国马萨诸塞大学阿姆斯特分校大卫·科茨教授》，《马克思主义研究》2018年第10期。

权益需要服从社会总体效益的考虑,即效率优先。局部的垄断现象可以将资源从低效率的垄断领域转移到高效率的领域,推动市场向完全竞争状态演进。

因此,概括来说,消费者的利益与社会的整体福祉并非相悖,实际上,高效运作与公正性是相辅相成。然而,金融危机揭示了资本主义体系内在的结构性和体制性问题。在《僵尸资本主义:全球视野下的马克思理论与当前危机》一书中,英国学者克里斯·哈曼提出,尽管金融危机表面表现为制度的外部冲击,但其根源在于资本主义体制无法调和社会生产与私人财产之间的基本冲突。因此,资本主义在面对经济危机和复苏时,在国家调控与自由市场策略之间的摇摆,恰恰凸显了其周期性危机的固有局限性。

由此可以看出,在芝加哥学派的视角中,市场失灵的根源不再被视作是市场运行体制的固有瑕疵,而是可以调控的外在因素。这种认知意味着政府在经济调控方面的权限显著缩水,其在经济领域的影响力普遍减弱。值得注意的是,尽管金融危机引发了新自由主义对市场全能性的质疑,他们承认市场失灵可能带来的严峻后果,但他们并未打算完全抛弃其核心的市场经济理念。实际上,新自由主义者依旧认同市场失灵的存在,但他们坚信市场机制自身应当承担起解决失灵问题的主要责任。

(二)调整市场对解决贫困的认识

在新自由主义塑造的繁荣表象背后,贫富悬殊与社会阶层分化成了其饱受质疑的症结。贫困的治理,成了新自由主义无法绕过的议题之一。不乏经济学家反对政府介入解决贫困,他们坚信市场的魔力,比如芝加哥学派的旗手加里·斯坦利·贝克尔,他提倡"为贫困人口构建自由市场是治愈贫困的关键"。另一经济学家威廉·伊斯特利的见解则是,穷国的贫穷源于缺乏有效的激励机制,只要充分激发市场的激励功能,市场经济的"无形之手"将引领贫穷国家走出困局。[①] 然而,这派经济学家实际上并不承认所谓的"贫困陷阱"。尽管后金融危机时期,全球经济呈现缓慢复苏,世界范围内的贫困有所减轻,但西方国家仍面临危机的余波,福利国家的瓦解令高额的社会支出对弱势群体来说难以为继。尤其在全球经济增长放缓的背景下,市场机制的作用受限,新自由主义长期的无拘无束更凸显了社会和财富的不平等,使得与资本主义贫困的斗争更为复杂严峻。面对全球经济复苏乏力,世界银行指出:"当前的世界经济发展水平远不足以支撑全球实现联合国2030年减贫和可持续发展的愿景,因此,资本主义国家应反思其自由放任的新自由主义策略,确保经

[①] 阿比吉特·班纳吉,埃斯特·迪弗洛:《贫穷的本质:我们为什么摆脱不了贫穷》,景芳译,北京:中信出版社,2018年版,第193页。

济增长的努力能与旨在促进公平的政策和干预措施相结合。"①这为新自由主义国家在贫困治理的市场路径上提供了新的思考方向。在这样的复杂局势中,新自由主义开始对其贫困治理的理论和理念进行调整。

首先,过去的实践中,西方国家常依赖一种机制,即通过转移支付来缓解贫困,即向生活困苦的人们提供经济援助,以保证他们能够满足基本生活需求。然而,随着 2008 年全球经济危机的后续影响,各国财政预算紧缩,单纯依赖这种传统的方法来根除贫困显得越发捉襟见肘。于是,自那以后,贫困治理的策略逐渐从转移支付转向了倚重市场机制优化劳动力配置,让人力资源得以更有效利用。②新自由主义思想家们从贫困的根源出发,强调在个人责任的社会中,个体缺乏积极的生产行为会导致贫困。在税收政策不甚宽厚的背景下,他们主张对贫困人口进行筛选和区分,以便提供个性化、层次化的社会援助,从而确保每个贫困群体都能得到差异化的帮助。这样,社会资源就能更精准地服务于那些最需要它的人。

在进行详尽的家访调查与评估后,特定的社会群体,如高龄独居者、临时就业者以及身体障碍者,会成为定向财政补贴的对象。同时,那些具备劳动能力,但历史上曾被标注为贫困的人,现在被引导去申请国家提供的教育援助、职业培训、常规健康检查,或是参与所谓的"人力资本投资计划"。其背后的理念是,就业提升是击破贫困的利器。西方的执政者们正在尝试通过增强贫困人口的就业技能,推行富有弹性的就业策略,以此来减轻扶贫的负担。这种综合性的福利策略,巧妙地融合了有条件的资金转移、灵活就业政策和人力资本投资,旨在联结国家、市场与个人的力量,共同破解贫困的难题。

在扶贫的运作机制中,市场机制依然扮演着举足轻重的角色。一连串的国家级福利策略旨在促进个人融入竞争激烈的市场环境,同时强调个人对社会的义务感,这暗示了责任重心从国家向市场与个人的转移。经历了金融危机的洗礼,西方国家普遍降低了直接福利的占比,转而侧重提供就业援助服务和基于条件的就业补助。虽然政府在对抗贫困上承担一部分义务,但解决贫穷问题的主要任务仍然落在贫困人口身上。实际上,西方福利体系的转型可以看作是新自由主义市场主导理念的延续,它寄希望于市场机制作为解决贫困问题的基石,信任市场能自我调节。然而,这些针对穷人的培训项目多局限于提升他们获取低薪工作的能力,未能深入探究和解决贫困的根源,比如社会不平等的地域差异和贫困的代际传递。

---

① World Bank Group, "Poverty and Shared Prosperity 2016: Taking on Inequality", Working Paper, 2017, http://www.worldbank.org/en/publication/poverty—and—shared—prosperity.
② 张彦琛:《当代资本主义的福利治理与多维贫困》,《国外理论动态》2018 年第 5 期。

其次，在治理贫困的转变中，一种是从生产不足的贫困转向了消费能力不足的贫困。世界银行在2015年至2016年的研究报告中明确揭示，尽管取得了显著的发展成就，不平等的鸿沟仍然存在，呼唤着进一步的行动。在资本主义世界里，不平等就像一道挥之不去的阴影，若不直面并解决社会公正的问题，贫困的顽疾就难以根除。在西方社会，新出现的贫困群体对不公的愤怒和对贫困的忧虑催生了新的社会运动，这些运动着重强调了减少贫困的紧迫性。这个新群体被称为"在职贫困"，他们是城市贫困的新阶层，与传统贫困人口有着显著的不同，他们拥有稳定的工作，然而，家庭人均可支配收入却未能跨越贫困线。他们"在后现代社会里，作为消费者而陷入贫困，但在工业社会的生产领域，他们并非一无所有"[1]。自2008年金融危机以来，全球经济的萎缩增加了这些新贫困群体的不确定性，相对贫困问题日益凸显。

在2007年至2012年这段时期，全球人均收入的提升速度从每年3%的水平滑落至1.7%，这标志着减贫动力的显著衰退。然而，在这个转折点，西方国家依然执着于新自由主义的理念，笃信市场机制是根治贫困的不二法门。于是，它们持续推行以减少管制和干预为核心的政策。然而，这样的策略加剧了社会的裂痕，放大了不平等现象。它不仅让贫困人口的困境更为深重，还威胁到那些挣扎在贫困线边缘的低收入群体，使他们面临更大的贫困风险。此外，那些好不容易摆脱贫困的人，也更易重蹈覆辙，再次陷入贫困的泥沼。

资本主义的福利体系尽管试图缓解贫困，却在某种程度上加剧了社会不平等，产生了新的社会挑战，这无疑暴露了其内在的失衡。为了在减少贫困的道路上取得突破，我们必须重新审视现行福利政策的评估标准，强调长期的代际连续性和生态可持续性。这样的转变将有助于各种社会阶层应对新兴贫困问题。因此，设计面向低收入群体的社会方案时，我们不仅要聚焦于短期的就业援助，更要着眼于阻断贫困在代际间的传递。长远来看，社会干预应着重于提升低收入者的人力资本，增强他们适应劳动力市场变化的适应性和流动性，从而实现社会阶层的向上流动。

在资本主义的演进过程中，贫困的面貌已经发生了深刻的变化，它不再仅仅是物质匮乏的体现，而是与个体的成长局限紧密相连，形成了一种交织着传统与新型贫困的复杂现象。特别是在新自由主义的浪潮下，资本主义国家对福利政策进行了调整，虽然在一定程度上取得了积极的成果，但也催生了社会鸿沟的扩大。对此，新自由主义反思了单纯依靠市场机制解决贫困的传统观点，进而提倡实施有条件的资金转移、推行灵活的就业策略，并强调对人力资本的投入。这样的策略旨在促使

---

[1] 彭华民等：《西方社会福利理论前沿：论国家、社会、体制与政策》，北京：中国社会出版社，2009年版，第348页。

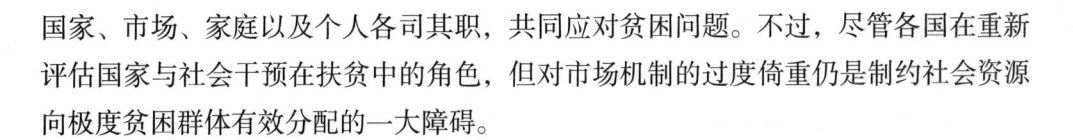

国家、市场、家庭以及个人各司其职，共同应对贫困问题。不过，尽管各国在重新评估国家与社会干预在扶贫中的角色，但对市场机制的过度倚重仍是制约社会资源向极度贫困群体有效分配的一大障碍。

二、奥地利学派重新界定政府的职能边界

在新自由主义的观点中，国家的角色定位颇为保守，仅被视为维护安全与提供公共服务的机构。任何超出这一范畴的介入或干预，无论是何种形式，都被视为对个人自由和权益的侵犯，同时也是对市场经济与公民社会自然演进的妨碍。然而，值得注意的是，尽管新自由主义坚持政府力量应适度且受限，他们并不倡导无政府状态。他们坚信，政府在守护公民权益、确保市场经济秩序及促进社会平稳运行方面，扮演着不可或缺的角色。

（一）对政府权力垄断的批判

在2008年全球经济动荡的背景下，奥地利经济学派提出了独特的见解，他们认为这场危机的根源在于信贷的过度扩张。这种扩张扭曲了金融市场的利率，误导企业家进行了一系列不理智的投资，从而引发了深层次的经济结构失衡。他们进一步指出，这种信贷膨胀的驱动力源于政府的不当决策，特别是巨额的福利支出和转移支付，这些需求迫使货币供应量增加。奥地利学派强调，政府对货币发行权的独占控制，使之能够在信贷的扩张和收缩上发挥关键作用。他们认为，这种权力的滥用，正是导致信贷市场失衡，进而引发经济体系紊乱的直接因素。因此，他们倡导货币发行的市场化，以减少政府干预，防止类似危机的再度发生。

在经济界的讨论中，罗斯巴德作为奥地利学派的杰出人物之一，曾鲜明地阐述过，经济周期理论的产生并非源于企业家的迟钝或无能适应。他强调，真正的症结在于中央银行的过度自信，它们自认为能够设定超越市场自我调整的"理想"利率。这种对自由借贷市场机制的干预，实质上促成了经济泡沫的形成，而这泡沫的破裂，进而引发了周期性的经济危机。[1]奥地利学派的观点显然表明，是政府通过无节制的信贷扩张搅乱了市场经济秩序。他们坚信，如果让市场机制自然运作，经济系统不仅能避免危机的发生，即使在危机爆发后，也能迅速从衰退中恢复过来。事实上，罗斯巴德在他的著作中明确表示，"一个未受约束的市场不会经历繁荣与衰退的交替，而当衰退源自先前的干预时，它有能力迅速清理局面，特别是它能够有效地解

---

[1] 吉恩·卡拉汉：《真实的人的经济学：对奥地利学派的一个介绍》，上海：上海译文出版社，2013年版，第161页。

决失业问题"①。

在罗斯巴德的观点中,他坚信在完全自由且未经干预的市场体系中,一系列的失误是难以出现的,因为精明的商家极少会同时犯下判断上的失误。他认为,货币的介入是导致经济呈现出"繁荣—衰退"周期的关键因素,尤其是银行在商业贷款领域的过度扩张行为。②因此,基于对政府干预导致经济波动的信奉,奥地利学派坚信,解决经济危机的最优途径就是实行无拘无束的市场经济。这种观点使得奥地利学派的学者们对里根和撒切尔政府试图在遏制通货膨胀的同时,逐步避免经济下滑的策略持有异议。他们坚持主张,应当采取激进的自由市场策略,以期实现经济体系的彻底革新。

经济危机和萧条所呈现的一个重要表征就是,政府的介入搅动了市场的自然节奏,使得消费、制造与投资的平衡遭受扭曲。这种失衡不仅在产业架构层面造成结构性的偏差,还误导了企业家对生产与投资组合的判断,使得他们在经济循环中所犯的失误被视为不可避免的组成部分。然而,奥地利学派对此持有异议,他们主张,企业家的预见性错误并非源于其本身的非理性抉择,而更多源自货币政策的干预性影响。这种影响动摇了市场利率的稳定性,进而误导了企业家的行为决策。综合这两种观点,奥地利学派坚信,经济震荡的根源在于政府对市场的过度干预,因此,政府在经济调控上回归"不干预"的原则,才是应对危机的明智之举。

新自由主义的理论基石构建了一个革新性的国家构想与角色定位。更具体来说,新自由主义的革新之处在于,它倡导个人主义的同时,提倡构建一个以私人领域而非公共事务为基础的崭新且扩展的国家架构。这种以公共职能为基石的理念,反映了社会主义和集体行动主义的理念,强调社会的整体利益和共同目标。然而,不少新自由主义的右翼人士对"社会""民主"这些词语持保留态度,担心它们可能为更深入的社会主义理念与实践提供土壤。简而言之,实现一种内生的新自由主义体系的关键步骤,就是从私人经济的视角重塑国家的职能,而新自由主义国家的核心任务则是积极营造有利于私企发展与市场竞争的环境。

在自由经济体系的运作中,存在着一个微妙的悖论:它所依赖的,恰恰是一个扮演积极角色的政府,来守护并促进市场的"无拘无束"演进。这一悖论揭示了新自由主义信仰的内在矛盾:国家既要通过法律的准绳塑造市场,扩展其公共服务的范畴,又必须坚守市场免受国家过度干预和民主机制束缚的立场。实际上,2008年全球金融风暴的理论渊源并非源于"政府的霸权",反而是"有限政府"的理念起了推波助澜的作用。首先,长期以来,市场秩序仰仗于自然的市场竞争机制,政府与

---

① 穆瑞·N. 罗斯巴德:《美国大萧条》,谢华育译,海口:海南出版社,2017年版,第82页。
② 穆瑞·N. 罗斯巴德:《美国大萧条》,谢华育译,海口:海南出版社,2017年版,第9页。

市场的界限清晰，监管的缺失使得金融市场陷入了混乱，直至崩溃的边缘。其次，政府角色的弱化和职能的受限，在风险频发的时代，无法妥善应对层出不穷的不确定性和波动，正是金融危机的催化剂。最后，社会秩序的维系往往依赖于非政府的民间组织，但在欧美国家，公民社会的发展并未成熟到可以完全取代政府的保障职能。诸如失业率上升、民众购买力下降、政府债务问题等社会顽疾，单靠公民社会的力量难以化解，这些都为金融危机埋下了伏笔。因此，探究"有限政府"的边界，这个问题在新自由主义的探讨中占据了重要地位。

（二）对政府角色的重新定位

持赞同态度的新自由主义倡导者坚信，政府的权责需受到严格的约束。以哈耶克的观点为例，他倡导自然秩序的理论，强调市场与社会内部存在一种自给自足且卓有成效的有机秩序。他认为，任何形式的政府干预，都可能侵蚀这种自发性的均衡，导致效率低下的人为调控体系。诺齐克则从个人权利与自由保护的视角出发，承认在无政府状态下，个人权益可能无法得到充分保障，从而引出政府存在的必要性。然而，他对政府的职能持有保留态度，特别是那些功能多元的政府，他认为这类政府往往未能有效保障公民权益，反而侵犯了个体自由，有时甚至构成了对权利的直接威胁。因此，诺齐克笃信，只有秉持"轻量级政府"理念的政府，才不会对公民构成威胁。这样的政府职能微弱且有限，仅聚焦于执行少数核心任务，从而避免了对个人权利的干涉。

在经济危机带来的深重困苦面前，奥地利学派的经济学家在国家角色的定位上呈现了显著的分歧。其中，哈耶克持有一种相对保守的立场，他主张提供适度的公共援助以维系基本生活，但强调有能力工作的人应自我依赖。这种观点招致了米塞斯和罗斯巴德的质疑，他们指责哈耶克倾向于政府干预。米塞斯倾向于支持小政府理念，而罗斯巴德则倡导无政府资本主义。米塞斯坚信自由市场的力量和个体间自愿合作优于国家的强制干预，他指出劳动阶层的任何改善都是资本主义的成果，而社会法规往往带来意料之外的负面效应。罗斯巴德的无政府主义理念坚决抵制社会保障和政府救济，他将任何形式的政府介入视为盗窃行为。

但是后金融危机时代，奥地利学派对政府干预的批判性观点也经历了一次深入的审视。赫苏斯·韦尔塔·德索托[①]，作为当代杰出的奥地利经济学派经济学家之一，其在《奥地利学派：市场秩序与企业家创造性》一书中，详尽剖析了现代银行业脱离政府管控可能带来的动荡和深远影响。凭借其敏锐的商业洞察力，德索托在书中

---

① 当前奥地利学派的主要代表人物之一，西班牙马德里胡安·卡洛斯国王大学应用经济学教授。

精准地预见了 2008 年的金融与货币危机。而今,十年已过,他昔日的警示犹在耳边,将我们的视线引向了美国联邦储备银行、欧洲央行、英格兰银行以及日本银行等机构的角色。德索托在反思中提出,如果政府的权限不那么"适度"受限,也许那场 2008 年的金融危机带来的破坏性不会如此巨大[①]。

然而,在过去的奥地利经济学派的观点中,政府的适度规模与职能是避免任意干涉市场与社会的关键。他们坚信,唯有权力受限的政府,才能切实保障和捍卫哈耶克所崇尚的自由价值。通过法治的实施,哈耶克确保了政府在法律的规范下运作,任何对政府权限的设定或限制都需遵循法律的明确规定。与诺齐克的观点相似,哈耶克反对无政府状态,他认为政府虽职能有限,却是不可或缺的。这些界限明确的规定尤其强调,政府不得侵犯公民的个人自由与权利,任何过度的政府介入都被视为"违法行为"。总之,他们的共识在于"有限政府、强大社会",这恰恰是新自由主义政府理念的核心所在。

而在后金融危机时代,金融危机造成的严重灾难,迫使西方社会构建了庞大的机制,以应对被称作"社会重塑"的任务。随着更多国家的资源逐渐能够承载这些新兴职能,它们的实施也变得更为顺畅。例如,通信技术与交通运输的进步让政府能够更轻易地触及公民生活的各个角落。美国学者约翰·米尔斯海默认为,工业化的推进不仅是紧急情况加剧和全球化进程的催化剂,还带来了童工现象、劳工剥削以及环境恶化等问题。鉴于这些严峻的后续效应以及其他重要变化,国家必须对社会进行全面的管控。然而,鉴于这些任务的庞大规模、科技进步的快速步伐以及工业资本主义的全球渗透性,所需的规划与管理能力已远远超越了地方行政机构的承载能力[②]。

长期以来,新自由主义的理念强调市场的至高无上,视小政府为经济繁荣的保障,认为市场的自我调节足以应对所有经济挑战。然而,全球金融危机的冲击,几乎颠覆了这一观念,让新自由主义所推崇的"大市场、小政府"理念变得空洞无力。起初,新自由主义的提倡者提出这个观点,其目的在于为全球化进程中蓬勃兴起的国际垄断资本扫清障碍,倡导各国政府让市场自由发展,以便国际巨头能够畅通无阻地进入各个国家市场。然而,新自由主义的真实意图,是借由改革市场规则和政策,重塑政府形态,以推动资本主义的深化,甚至尝试将政府角色商品化,或者构建竞争性政府机制,使其更像市场中的"参与者",而非传统的"调控者"。

[①] 赫苏斯·韦尔塔·德索托:《奥地利学派:市场秩序与企业家创造性》,朱海就译,杭州:浙江大学出版社,2010 年版,第 144 页。
[②] 约翰·米尔斯海默:《大幻想:自由主义之梦与国际现实》,李泽译,上海:上海人民出版社,2019 年版,第 89 页。

第二节　新自由主义关于国家和全球化理论的新变化

审视自由主义国家理念的演进，从古典时期的放任自由主义过渡到现代的社会自由主义，再到当下的新自由主义，尽管对政府的角色和职责的界定经历了从"最小政府"到"有限政府"的演变，但国家作为公共福祉守护者的根本理念未曾动摇。新自由主义视经济全球化为一种机制，通过全球范围内资源的竞相配置，推动全球财富的创造与分配，这在一定程度上削弱了政府和特殊利益集团人为设置的政治限制。即使在经历过金融危机的时期，虽然全球化对国家主权有所侵蚀，民族国家的力量依然雄厚，其在全球政治格局中的分量不容忽视。国家理论始终在新自由主义的理论架构中扮演着核心角色。

一、公共选择理论的国家观变革

后金融危机时代，尽管"无形的手"经常被提及，国家的力量始终倾向于满足资本的利益。因此，探讨资本主义国家的理论以及国家与资本的互动，一直是新自由主义理论界讨论的热点。一个突出的问题是，新自由主义并不提倡自由放任或"小国"。事实上，对国家角色的深入研究揭示了这与新自由主义的核心理念紧密相关，因为自由主义本质上是关于国家与个人之间关系的特殊哲学观点。众所周知，在政治哲学的框架中，自由主义传统视国家为社会契约的衍生品。然而，国家与社会之间的关系长久以来被两种对立的理念所影响：自由放任与政府干预，这个问题至今仍是核心议题。作为20世纪后半叶美国新自由主义经济学中颇具影响力的一派，公共选择学派以实证经济学的方法研究新自由主义视野中的国家决策过程而闻名，国家理论在公共选择理论的体系中占据了基础的地位。

（一）重新审视国家角色

尽管古典自由主义主张国家仅需扮演一个被动的"夜警"角色，负责守护个人权利，构建无政府状态下的自发秩序，但新自由主义的观点并不完全排斥国家的积极介入。各个新自由主义流派虽然在政府干预的规模上持有分歧，但普遍认同国家有两个核心功能：维护一定程度的社会公平以及供应必要的公共产品。这与古典自由主义提倡的"有限政府"理念有所区别。新自由主义对政府干预的审视，实际上是针对集权过度的"全能国家"，而非干预行为本身。值得注意的是，新自由主义并不否认国家自身独立的利益存在。然而，公共选择理论的兴起对国家行为的传统解释提出了颠覆性的挑战，它动摇了现代资本主义国家被视作公正与合法价值守护者的传统观念。

在公共选择的理论框架中,个体的行为模式被视为一种贯穿始终的特性,即无论是在经济市场的交易中,还是在政府职责或集体活动中,个人都会追求自身的利益最大化。这表明,无论是私人领域还是公共领域,人们的基本动机都是寻求个人利益的提升。我们可以将这种观点看作是新古典经济学对政治生活和政府决策的解读和延伸,它借用经济学的手段和理论,去理解集体或非市场环境中的决策行为。在这个视角下,政治环境被比喻为一种"政治市场",选民扮演消费者的角色,而政治家和公务员则类似企业家,他们提供的"产品"是公共政策和公共服务。与经济市场中企业家售卖私人物品不同,政治家和公务员则通过争取选民的满意度,即获得更多选票,来"销售"他们的政策主张[1]。政府并非一个抽象的存在,而是由实际的个体,如政治家和公务员,构成的实体。政治家的个人目标在于获得尽可能多的支持,以谋取或巩固权力。而公务员的动机则在于扩张和优化预算,以确保其部门或机构的运作。在这样的政治市场中,候选人的策略如同商业竞争,他们会承诺满足选民的期望来争取选票。反之,选民则作为理性消费者,根据谁能最有效地满足他们的利益需求,来决定他们的选票投向。因此,公共选择理论可以被理解为将经济学的分析工具应用于理解集体决策和政府行为的独特视角。

无疑,公共选择的探讨揭示了一个核心议题:国家的本质是抽象且客观中性的吗?正如经济人假定所暗示的,答案似乎清晰明了。人们无论在政治舞台还是市场经济中,追求的都是个人利益的最大化。因此,政府、政治领袖与官僚的国家行为,并非源于对公众福祉的无私关怀,而是国家与社会间交互影响的结果,夹杂着多元化且复杂的特殊利益。官僚、政客与选民的私心自利,若缺乏制度约束,将导致公共资金的膨胀、腐败滋生以及无理性和低效的决策。这引发了从"市场失灵"转向了"国家失灵"的讨论[2]。因此,如果说凯恩斯主义经济学和福利经济学是"市场神话"的反驳,那么公共选择理论无疑是"国家神话"的挑战者——它首先戳破了国家中立的幻象,即国家只关注公众福祉的迷思。

在新自由主义的视域中,国家并非被动置身事外,而是积极地活跃在舞台中央,肩负起维护秩序的职责,如同一位坚定的守卫者,随时准备逮捕任何敢于侵犯其正当权益的侵犯者[3]。相对地,公共选择学派对国家持有审慎的态度,倾向于通过设立

---

[1] 詹姆斯·M. 布坎南:《自由、市场和国家:20世纪80年代的政治经济学》,吴良健等译,北京:北京经济学院出版社,1989年版,第29页。
[2] 李珮:《告别沉默——新自由主义之后的文化与政治》,北京:中国传媒大学出版社,2018年版,第144页。
[3] 多米尼克·莱维,热拉尔·迪梅尼:《资本复活——新自由主义改革的根源》,徐则荣译,北京:中国社会科学出版社,2017年版,第56页。

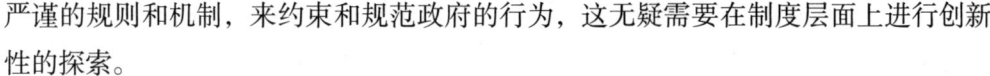

严谨的规则和机制,来约束和规范政府的行为,这无疑需要在制度层面上进行创新性的探索。

(二)国家作为公众仲裁人的重要性日益凸显

在维护社会的和谐与稳定中,新自由主义国家承担着微妙而关键的职责,它犹如一位警醒的守望者,确保每个个体的权利得到保护,同时在不同的社会群体之间维持微妙的平衡。正如托马斯·卡莱尔所阐述的,自由主义理念寓含着一种平衡——无拘无束的自由与必要的秩序,其中,国家的角色被提升为公众利益的公正调停者。国家不仅设立了一套行为准则,以此区分可接纳与不可接纳的行为,还在防止侵犯个人权益的斗争中扮演着积极的角色。这些准则犹如社会交往的礼节指南,让个体和群体在追求各自理想生活的道路上保持文明。在冲突升级的紧要关头,国家则以公正的仲裁者身份介入,确保争论不会滑向暴力的深渊。总而言之,国家在制定法律、调解纠纷和维护社会安宁中,承担了多重而重要的角色。

显然,在新自由主义的理念中,国家扮演着不可或缺的角色,这一点在实行这一理论的国家中体现得尤为明显。新自由主义的设想是,国家应为公民创造平等的起点,并着手实施一系列社会改良措施。诸如教育公平、社会保障、住房政策以及劳资关系协调等,都是政府不可或缺的职责,即便在推崇自由市场的国家,其也承担着调控经济和制定外交策略的重任。因此,在新自由主义的框架下,缺乏强大国家力量的支持是难以维系的。

新自由主义观念中,国家在保障秩序与推动公民社会繁荣上扮演着不可或缺的角色。然而,它同样揭示了政府可能对个人自由构成威胁的潜在危险。于是,新自由主义的核心关切在于如何驾驭政府的力量,使之仅限于执行其必要的职责。

值得注意的是,在新自由主义的国度里,政府扮演的不再仅仅是守卫者的角色,它在避免强加道德判断的同时,也尽量不去揭示行为的道德界限。其目标不仅是保障民众的安康,更倾向于让他们依照个人的价值观去实践生活。新自由主义的理念中,政治的终极追求是孕育出一群"理想的公民,即道德高尚、行为正直的人"。[①]然而,在这样的国家体系中,政府与公民之间的情感联结相对稀薄,这导致了在新自由主义框架下,动员公众为国家奉献变得尤为困难。显然,国家与公民社会之间存在明显的界限,国家被视为个体之间为了追求自由而达成的社会契约,其职责在于限制对个体生活的过度干涉,以使他们能自主地构建理想的生活。

在追求个人全面自由的道路上,新自由主义国家企图以此途径来缓和社会矛盾。

---

① Aristotle, Nicomachean Ethics, trans.C.D.C. Reeve, Indianapolis: Hackett Publishing, 2014, p.61.

然而，新自由主义的推行者们在限制个人政治介入的同时，也深知经济领域中个人自主参与的不可或缺性。他们的愿景是构造出一个经济主宰政治的秩序。然而，不可避免的是，个体与群体之间的政治摩擦始终存在，这些摩擦通常仰赖国家来制定和实施规范进行调和。国家，作为这一和平解决纷争机制中的最终决定力量，始终扮演着关键角色。

在看待国家的角色时，新自由主义者采取了一种折中的立场。他们认为国家应以有限的角色介入社会，扮演起守望者的职责，其最终目的是增进每个个体的福祉，从而提升全社会的福祉水平。然而，尽管他们承认国家在维护秩序和促进繁荣方面的必要性，但新自由主义者对一个庞大的、包揽一切的政府持保留态度。

二、新帝国主义理论的全球治理观变革

在全球化的大潮中，新自由主义的理论扮演了推手的角色，它的实践反过来又促进了全球化的发展，两者之间形成了一种相辅相成的关系。新帝国主义的理论特性是新自由主义全球化的集中体现，这一点无论是在20世纪80年代拉丁美洲的结构性改革，还是在90年代初苏联和东欧剧变的背景下，都得到了明显的体现。这些新自由主义的全球实施策略，实际上加速了世界经济一体化的进程。[①] 与此同时，经济全球化自身的需求也在推动新自由主义理论的发展，两者之间形成了一种相互依赖的态势。在经历了70年代的滞胀困境后，凯恩斯主义的失效为新自由主义提供了崭露头角的机会。它将全球化视为实现其理念的关键，其中一个核心理念就是全球一体化。在以"华盛顿共识"为核心的全球化实践中，诸如保护私人财产权、推行自由贸易、减少政府干预、放宽外资准入以及改革汇率体系等措施，实际上都在迎合发达资本主义国家中金融资本追求全球无拘无束流动的需求。

（一）新帝国主义霸权的广泛建立

在全球一体化的浪潮中，发达国家对其影响力的扩展策略经历了显著的转型。不同于旧式帝国主义依赖军事冲突和经济剥削的手段，新生的帝国主义策略重心转移至制度层面的掌控与规范。部分西方知识界认为列宁的"帝国主义论"已不合时宜，试图为现代发达国家对别国的隐形统治寻求新的理论支持。西方的左翼学者则将这些变化视为资本主义形态的演化，他们通过引入"金融资本"和"金融帝国"等概念，来刻画这一"新帝国主义"现象的崭新特质。

在新兴的霸权秩序下，新自由主义与新帝国主义联手打破了旧有的制度和传统

---

① 董成惠：《后危机时代警惕新自由主义复辟的经济法理性》，《学术探索》2018年第10期。

主权的桎梏，它们以资本的非均衡分布为手段，重塑了全球的地缘经济格局，引发了"发展不均的地域进程"[①]。首先，新帝国主义的实践与新自由主义的推动共同作用，使得资产阶级的力量得以增强，它们的统治地位在全球范围内更加稳固。新自由主义的实施使新帝国主义国家在经济危机的泥沼中脱颖而出，它们在推动全球化加速的同时，确立了自己在经济和社会领域的主导地位。其次，新自由主义作为一种工具，为新帝国主义的资本积累和剥削策略开辟了途径。发达国家的过剩资本与发展中国家丰富且廉价的劳动力相结合，使得剩余价值得以提升，进而形成了新的经济依存关系网络。这种依存关系进一步强化了新帝国主义的经济优势。最后，新自由主义的转向对新帝国主义世界的社会结构和资本主义的运作模式产生了深远影响。它强化了资本家阶级与高级管理层的主导地位，催生了一个由新自由主义与帝国主义共同主导的霸权体系，从而重塑了全球的社会秩序和经济运行机制。

在经济一体化的浪潮之前，新自由主义的理念主要局限于富裕国家的学术圈和实践中，其中如社会市场经济的理念，其影响范围也仅限于德国，旨在优化国内的经济和社会结构。然而，随着全球经济的深度融合，新自由主义的愿景扩展到了全球范围，这与资本主义发展新的里程碑紧密相连。全球化揭示了资本主义已演进至国际垄断的层面。新自由主义倡导的观点是，世界经济的复杂性日益增长，迫切需要国际组织、国际法、跨国企业和非政府组织在全球政治格局中发挥更大的影响力。

国际经济秩序的扩展，实则源于新自由主义理念的驱动，这一体系通过一系列国际政治与经济架构得以推行，其中包含了诸如国际货币基金组织、世界银行以及全球贸易的指挥所——世界贸易组织。此外，西方七国集团、经济合作与发展组织，还有欧洲联盟等，也扮演着关键的国际政治架构角色。这些机制，旨在维护跨国垄断集团的利益。美国知名学者诺姆·乔姆斯基在其著作《新自由主义和全球秩序》中，精辟地剖析了世界贸易组织在这一进程中的五点影响：第一，它为美国施加于他国内部政策的影响力提供渠道；第二，充当美国企业并购国际同行的催化剂；第三，实质上有利于资本家和富裕阶层；第四，却让消费大众承受成本的转嫁；第五，作为对抗所谓"反民主"威胁的工具，因为任何抵制市场经济的政府都被视为对民主的挑战。[②]

(二) 全球治理问题凸显

随着资本主义国家内部新自由主义的深化，传统的社会冲突已演化为复杂的社

[①] 田世锭：《戴维·哈维的新帝国主义理论探析》，《江海学刊》2010年第4期。
[②] 科林·克劳奇：《新自由主义不死之谜》，蒲艳译，北京：中国人民大学出版社，2013年版，第49页。

会挑战。这些问题不仅表现为地域性差距和社会阶层的分化，更尖锐的议题聚焦于移民的困境。自金融危机以来，资本主义社会的不平等现象与新自由主义引发的贫富差距问题日益凸显。全球化结构的脆弱性加剧了新自由主义理念的破灭。新自由主义实质上是国际大财团的利益代言，它寻求建立一个全球性的资本积累架构。其核心理念是市场机制与自由公平，然而在以美国为首的发达国家主导的全球化进程中，发展中国家常常遭受剥削，这反映出全球秩序的根本性不均衡。

在冷战结束的余温中，"新左翼"的旗手如克林顿和布莱尔等人，引入了"新治理"的构想，其核心理念是倡导"治理而非统治"的模式。这一概念主张，国家的权威应有所收敛，尤其注重"公民社会"在新治理模式中的核心角色。然而，尽管这一理念已经提出，但它在国际舞台上的反响却相对平淡。直至后金融危机时期，全球化的汹涌浪潮与金融市场的动荡，使得国家的主权开始受到跨国公司、国际非政府组织以及全球公民社会等超国家力量的严峻挑战。经济全球化带来的金融危机、环境恶化、恐怖主义等问题，已经不再局限于单一国家或民族的范畴，而是波及全球。如今，面对这些全球化带来的挑战，国际社会亟须构建一套有力的全球治理体系，以维护国际秩序的稳定。

在当今全球化的时代背景下，各种跨国和国际性的挑战层出不穷，这就呼唤着一种新型的合作模式。这种模式涉及国际体系内的各个参与者，包括主权国家和其他行为体，他们共同协作，通过既有正式制度又有非正式安排的途径，以求达成共识，平衡各方利益与政策。这一过程的目的是创造一个和谐的环境，使得所有国家能在提升各自国家治理能力的同时，共同应对世界的复杂问题。全球治理是"国际体系中以主权国家为核心的各个行为体的共同合作，通过正式的制度和非正式的安排，协调各自利益和政策，以应对全球化时代人类社会所面对的各种跨国和国际挑战，并支持各个国家实现国家治理水平提升的活动"[①]。全球治理的关键在于建立一个公正、包容的国际秩序，这不仅影响着国家间的互动，也直接影响着各国国内的治理结构。通过这样的秩序，全球社会能够携手应对共同的威胁，促进全球稳定与发展。新自由主义的观点强调，全球规则的制定和实施至关重要，这些规则需得到全球的广泛认可，并且其核心价值观能在世界范围内深入人心。一个以国际机制和机构为支柱的全球治理体系的构建，被视为实现人类普遍价值的基石，让全人类共享和平与繁荣的未来。

在日益壮大的全球化进程中，全球治理架构的稳定性变得至关重要。然而，随着全球经济的深化和新兴经济体的崭露头角，曾经在财富分配中占据主导地位的超

---

① 陈志敏：《国家治理、全球治理与世界秩序建构》，《中国社会科学》2016年第6期。

第二章 后金融危机时代新自由主义理论的新变化

级大国,已经无法延续过去的独占策略,它们无法再倚仗超国家的力量,推行以自我为中心的不平等贸易和经济压制。在如今的全球治理格局中,分散化的趋势日益明显,特朗普政府察觉到,他们所付出的管理投入似乎远超过了所得的利益。这导致了传统国家观念的淡化,地区性的独立思潮也逐渐显现。如同2020年初英国决定脱离欧盟,这在一定程度上反映了区域整合结构中分离主义的蔓延。尽管英国"脱欧"背后的动机复杂,但新自由主义全球化实践的缺陷逐渐暴露,预示着全球地方化的潮流正在形成。美国在这一背景下选择退出的同时,却期望其他国家能分担更多的治理责任和代价,这正是特朗普政府采取"反全球化"立场的主要驱动力。

后金融危机时代,新形式的帝国主义扩张正遭遇前所未有的挑战,其核心在于无法妥善处理全球性议题。新帝国主义的全球管理理念在曲折的道路上摸索前行,无论是欧美国家力图构建以新自由主义为基础的国际体系,还是通过所谓的全球化策略来规避全球治理的义务,都是后金融危机时期新帝国主义对全球治理模式的试验。然而,很明显,迄今为止,这些尝试并未带来显著的成功。

从上文论述中可以看出,后金融危机时代,新自由主义的若干理论,包括市场—政府的构想、国家与全球化的诠释、新帝国主义的视角,都经历了一定程度的演变。尽管这些变化幅度有限,且大多仍限于新自由主义基础的微调,但它们无疑展示了新自由主义对社会动态的适应性和弹性。其中,市场—政府的理论是新自由主义的基石,同时也是其饱受质疑的部分。它过于强调市场的主导地位,忽视了政府的作用,导致新自由主义面临严峻挑战。然而,在后金融危机时期,政府的角色不再局限于幕后,其职能在某种程度上回归并加强。尽管这并不意味着市场—政府理论的根本颠覆,随着全球经济的稳步复苏,政府作为个人权益保障者的角色再度凸显。修正后的芝加哥学派修正了以往对充分信息和理想市场状态的假设。他们也曾批判过哈佛学派仅凭市场结构评估市场效率的简单方法,而现在,他们又反思自己过去对完全竞争市场模型的过于理想化理解,这与现实市场存在显著差距。奥地利学派试图将对自由市场的信念与斯密的"看不见的手"理念相融合,却忽视了斯密提出这一理论的社会背景。在斯密时代,市场经济正蓬勃发展,小规模的熟人交易主导市场,社会道德对交易行为有着显著约束,市场潜在的问题并未凸显。然而,随着交易范围的扩大,市场的阴暗面逐渐暴露。总的来看,在新自由主义的框架中,政府的核心使命依旧是维护私有制和个体利益,只有在严重损害个人权益时,公共利益才会得到政府职能的支持。

在全球化的潮流中,新自由主义的理念引发了一场对国家角色的深刻反思。尽管它常被视为削弱政府影响力的根源,但这种理解并未忽视新自由主义在瓦解社会福利体系和法规中的作用。然而,国家的力量并未消退,反而转换为商业和自由市场的守护者。特别是在金融危机之后,新自由主义提倡国家应更积极地介入,而非完全依赖市场机制。随着资本扩张的步伐,传统的国家边界变得模糊,资本主义国家的权力结构也随之演变。新自由主义推动的全球化进程,既催生了跨国问题,也凸显了本土议题。民族国家的结构和国家权力的行使方式在新自由主义的影响下发生了剧变。在垄断资本主义的形成期,尤其是凯恩斯主义的引导下,福利国家的构建强化了国家的力量。然而,后金融危机时期,新自由主义的国家观念正在经历重建,国家作为权力的核心,其角色从过去的民族利益守护者转变,肩上增添了更多责任与期待。在全球化加速的背景下,国家不再像全球化鼎盛时期那样仅是民族利益的单纯维护者,而在后金融危机的背景下,国家被赋予了新的使命和期待,以应对不断涌现的全球挑战与本土问题。

值得注意的是,自新自由主义的实践启动以来,尽管对初始理念进行了一些修正和改良,但它始终作为解决资本主义体系潜在危机的策略以及治愈资本主义体系内在缺陷的关键手段,在公共政策领域扮演着重要角色。在"华盛顿共识"之后,新自由主义的影响力在全球范围内日益显著,它并非空中楼阁的理论设想,而是一个实实在在的政治计划,旨在社会、政治和经济生活中深化和扩展资本主义市场的联系,同时在全球层面上重塑国际政治经济的格局。帝国主义的核心经济特征在于垄断,尤其在当今全球化时代,金融资本的垄断力量以及全球统治地位依旧是帝国主义的核心特征。然而,私有财产与生产社会化之间的矛盾,是帝国主义无法逃避的根本问题,它将决定着帝国主义发展的最终走向。同样重要的是,我们应认识到,当代所谓的"新帝国主义"内部的矛盾正在以前所未有的速度加剧。

面对新自由主义理论的演变,我们应以批判性的视角去审视;它展现出顽强的适应力与持久的生命力,既蕴含生机,又隐含衰亡。因此,它并不会骤然消亡,而将在一段时日内持续演进,呈现既生又死的复杂状态。

第三章 后金融危机时代新自由主义政策的新变化

在全球经济遭受金融危机的冲击后,西方国家,尤其是英美两国,采取了积极的福利措施和社会保障手段,试图缓解国家在经济困境中的挣扎。这在某种程度上抑制了新自由主义政策的快速推进。然而,在经济开始复苏的后危机时代,新自由主义并未偃旗息鼓,反而呈现新的面貌。英美两国逐步放宽市场管制,回归了新自由主义的中心道路。法国和德国虽然走出了一条相对独立的发展路径,但在政策实施上,仍然无法完全不受新自由主义思潮的影响。

与此同时,亚非拉的新兴和发展中国家,尽管努力挣脱新自由主义的束缚,展露出明显的"去新自由主义"的政策调整,却时常在实践中陷入其固有模式的泥沼。全球视野下,随着经济的金融化、自由化和全球化不断深化,新自由主义在资本主义国家的经济政策实践中,似乎呈现一种普遍的趋势,尽管各国在应对策略上有所差异,但总体上仍向着"新自由主义化"的方向演进。

第一节 美英两国新自由主义政策的新变化

自全球经济危机爆发以来,各国政府积极应对,针对前所未有的复杂经济局面,推出了各式各样的策略与手段。即便是以"纯粹市场经济"自居的新自由主义重镇,如美国和英国,政府也不得不采取传统的宏观经济调控策略,来对抗这场风暴。它们通过大规模扩张货币供应,注入公共资金,为借贷提供保障,甚至在某些危机严重的银行和企业中推行国有化。英国,作为遭受金融危机冲击最严重的国家之一,与美国一道,弥漫着恐慌、焦虑以及相互间的指责与不满。在这艰难时刻,长期秉持自由市场原则的美国和英国,纷纷采取密集的干预措施,深度介入市场,这使得它们的新自由主义政策与危机前的形态产生了显著的转变。

一、美国的新自由主义政策调整

(一)奥巴马政府挽救新自由主义危机的政策调整

1. 政府的银行注资救援计划

在现代资本主义的巅峰,美国的繁荣与其境内大型金融机构的兴衰紧密相连。因此,当全球金融危机的阴霾笼罩,美国迅速启动了一项规模空前的7000亿美元救助计划。政府计划投入其中的四分之一,即2500亿美元,作为购买美国顶尖银行股份的资金。作为回报,这些金融机构需向政府售出优先股。首批获得援助的金融巨头包括花旗、摩根大通、富国银行以及美国银行等九大银行。原本政府计划向两家银行分别注资50亿美元,然而在2008年11月23日,美国财政部、联邦储备系统与联邦存款保险公司联合宣布,他们将重新分配200亿美元的救市资金用于花旗集团,并额外提供3060亿美元的贷款支持。[①] 这一史无前例且大胆的举措,尤其是针对花旗集团,旨在防止美国金融体系及整体经济因这家巨型银行的崩溃而遭受毁灭性的打击。

在2009年初始的几个月里,美国财政部推出了一项创新的财政救助策略,目标是重振金融体制并激活停滞的信贷流通。这个计划提倡政府与私人领域联手,共同创立一只投资基金,其使命是吸纳并处理银行体系内的"不良资产"。初始基金规模设定为5000亿美元,不过随着进程的推进,规模扩大到了惊人的1万亿美元。这只基金实质上扮演了"问题资产处置所"的角色,协助金融机构评估房贷债务的真正价值,并从它们的财务记录中剔除这些"毒瘤"。简单来说,美国政府全力以赴,不计成本地挽救那些关乎国家经济命脉的金融机构。长久以来,美国一直以市场经济的自由精神自诩,但在大型金融集团面临崩塌的紧迫关头,所有的自由市场原则似乎都被搁置一边。显而易见,核心的逻辑变成了保护那些"太大而不能倒"的金融巨头,因此,动用纳税人资金拯救大型银行成了首要的政策导向。

2. 表面减税和实质增税

在美国经济复苏的关键时刻,政府推出了一项规模宏大的减税措施,共计1680亿美元,旨在增强民众的购买力,惠及1.17亿户家庭。这项政策在表面上似乎为民众带来了实质性的财富增长,期望能提升消费能力和总体财富状况。然而,从资本主义经济运作的本质来看,减税的核心目标实则是减轻企业的税负,为资本的扩张铺平道路,进而推动国家经济的整体回暖。

---

① 马小宁:《美国政府不惜代价救花旗》,《人民日报》2008年11月25日。

政府的减税策略在实践中导致了资本边际税率的不断下滑，而这进一步意味着富裕阶层的税收压力减轻，使得贫富差距的问题愈发凸显。即便是像沃伦·巴菲特这样的亿万富翁，也对这样的减税政策表达了不满，公开倡导对富人增税，以期缓解社会阶层间的矛盾冲突。这种高层的反思和呼吁，引发了对现行税制公平性的深入讨论。

美国政府的施政重点之一是通过减税来刺激经济发展。在奥巴马总统的任期内，一项关键的税务改革举措针对了企业。这涉及简化了累进所得税的结构，由原先的7个级别精简至3个，新的税率分别为12%、25%和33%。同时，企业税率从35%大幅度降低至15%，为跨国企业和海外美国公司汇回国内的利润提供了10%的一次性税收优惠。

对个人所得税的减免，奥巴马政府采取了大幅度的调整。提高了个人所得税的扣除额度，单人申报者可享受的扣除额提升至2.5万美元，而夫妻联合报税的扣除额则高达5万美元。此外，遗产税被免除，股息和资本利得的最高税率被设定在20%。特别值得关注的是，对有14岁以下儿童的家庭，政府提供子女抚养费的全免政策，这无疑减轻了家庭的经济负担。

在税收议题上，美国的行政首脑、立法机构成员、州领导者乃至地方议员，常常给人以推行减税政策的印象。然而，他们的实际行动更像是在控制税收增长的幅度，而非实质性的削减。每年，减税的口号都会响起，但税收水平并未随之下降。事实上，如果仔细审视税收的实际情况，我们会发现，尽管表面上看似有所减少，但美国的税负实际上正以不易察觉的方式逐年递增。

3. 从适当增加政府支出回到紧缩政策

在2008年11月的金融危机高潮中，美国财政部与美联储联手宣布了一项重大决策，即动用8000亿美元的巨额资金，旨在激励民众寻求降低房贷、车贷以及教育贷款的利率。奥巴马总统自执政以来，便着力推行一系列创新性的经济提振策略，投入大量公共资金，以援助基础设施建设、住房项目以及失业救济等领域。然而，伴随着政府开支的增长，美国的债务规模亦随之膨胀，这可能对未来的经济增长构成潜在威胁。两大政治阵营对此持有显著分歧，但矛盾并未阻止历史的车轮，2009年2月，美国参议院在一场关键投票中，以多数票通过了总额达8380亿美元的经济刺激计划。在此之前，众议院已批准了总额为8190亿美元的类似方案。随着美国经济逐渐从金融风暴中站稳脚跟，旨在刺激消费的临时财政支出比例也开始发生微妙变化。

在2008年和2009年那个时期，美国经济深陷国际金融危机的旋涡，步入了衰退的轨迹。随后的2010年至2016年间，其实际国内生产总值的年均增长率仅仅录得2.12%，明显低于前一个经济周期（2001至2008年）的平均水平（2.9%）。就业市场的状况在2009年和2010年尤为严峻，失业率一度飙升至9%左右的高峰，尽管之后逐渐缓和，但在2016年，失业率才勉强回归到2009年前五年平均5.1%的水平。经济的另一面，通货膨胀率在2009年至2016年期间大部分时间都没有突破3%的阈值，尤其在2015年，甚至还出现了-0.1%的轻微通缩。值得注意的是，美国的国债规模在这段时间内持续膨胀，债务占GDP的比例攀升至了二战以来的最高点。这些数据反映出，特朗普上台前的美国宏观经济仍在与金融危机的余波抗争，后危机时代，美国正面临着新自由主义所带来的挑战与改革任务。

（二）特朗普政府重新回到新自由主义的政策调整

在应对2008年那场席卷全球的金融危机的余波中，特朗普政府着手推行了一系列深远的经济变革。那次危机的根源在于美国长期奉行的新自由主义理念，它在某种程度上激化了资本主义体制内的基本冲突。对特朗普政府而言，如何带领美国走出经济困境，无疑成为亟待解决的核心议题，同时也是其主要经济振兴策略的基石。面对这个艰巨挑战，特朗普振臂高呼"美国优先"，试图以新自由主义的革新之力重振美国经济，以期在国际舞台上重新确立其无可争议的主导地位。

1.特朗普政府的国内经济政策有着较强的新自由主义色彩

自2008年全球经济剧变和突发状况频发以来，美国的货币政策在应对这些挑战中历经二个关键阶段的演变。起初，在2008年11月和12月，美国的中央银行，即联邦储备系统（以下简称"美联储"），采取了前所未有的行动，推出了量化宽松和设定接近零的利率，形成了一套非常规的货币政策策略。紧接着的阶段在2014年10月，美联储宣布停止资产收购计划，并于2015年12月启动了利率提升，这标志着美国货币政策开始踏上回归常规的路径。然而，到了2020年3月，美联储再度将利率调至零，并宣布无限量化宽松措施，以应对新的经济困境。这一系列货币政策的调整，尤其是其紧缩迹象，显示了后金融危机时期，美国对新自由主义经济政策并未全然弃之不顾。

特朗普的国内经济蓝图在很大程度上呼应了新自由主义的理念，特别是其核心的私有化、市场化和自由化。他推行的一系列举措，包括减税措施、福利改革以及经济刺激法案，都是为了大幅削减政府的干预力度，移除那些可能限制商业繁荣的规章制度，从而提振美国的就业市场和促进国内经济的茁壮成长。这些政策旨在让企业享有更大的自由度，以期激发其活力，驱动国家经济的引擎全速运转。

首先，特朗普总统对经济自由主义理念的践行始于减税政策的推行，这是其政府的核心主张，旨在减轻企业和个人的税负。在角逐总统宝座的过程中，特朗普便已提出其独树一帜的所得税改革蓝图，这其中包括废除遗产税、调降资本收益和股息税以及取消公司税以促进就业增长，这与里根总统时期的减税理念如出一辙。这些愿景在他入主白宫后一一变为现实。

白宫与参议院财政委员会紧密合作，共同推出了旨在重塑税收体系的《减税与就业法案》[1]，目标是通过税收政策的调整，诱使制造业重回美国。他们深信，美国经济的一大症结在于高额的企业税和个人所得税以及繁冗的商业限制，这些因素阻碍了经济的活力和就业机会的增加。因此，这份法案聚焦于减轻中产阶级的税负，让民众拥有更多可支配收入，并且通过刺激企业竞争力来创造就业。简而言之，特朗普政府坚信税制改革能够减轻中产阶级的经济压力，使他们手中的财富更多，同时推动企业的成长，从而创造更多的就业机会。

其次，特朗普政府极其重视国内经济政策的制定，尤其是聚焦于就业增长和美国制造业的复兴。在新自由主义理念的引导下，政府的主要任务是重振制造业，带动就业市场。历史上的"去工业化"策略导致了实体产业的衰退，虚拟经济则占据了主导，进而引发了长期的就业停滞和收入不均。据资料统计，在2014年，服务业占据了美国就业市场的80.1%，而农业和制造业仅分别占有1.5%和15.1%。[2] 因此，特朗普政府的产业策略着重于制造业的振兴、基础设施的强化以及实体经济的巩固，这与他们主要依赖的蓝领阶层选民群体紧密相关。

最后，特朗普政府采取了减轻行政束缚的各项措施。他推行了一项政策，即每新增一项法规，就必须废除两项现存法规。特朗普强调："这种繁冗的监管不仅侵蚀了我们的经济根基，也对法治体系构成了威胁。它徒增了时间和经济成本，却没有带来实质性的益处。过度的管控正在侵蚀我们的自由精神，打击我们的民族士气，挫败企业的活力。"根据公开数据，在2017年前11个月里，联邦机构撤销或推迟了1579项计划中的管制举措，同时发布了67项旨在放宽管制的举措，而新增的管制措施仅有3项。[3] 这一简化行政管理的举措，旨在促进私营企业的繁荣，这无疑呼应了特朗普先前的倡导，即通过减轻管制来激发经济活力。

---

[1] Senate Finance Committee. *Tax Cuts and Jobs Act*[EB/OL].2017-11-10.https://www.whitehouse.gov/wp-content/uploads/2018/02/WH_Cutting Taxes For American Workers_Feb2018.pdf.

[2] U.S. Bureau of Labor Statistics, "*Employment Situation*", 2 March 2018, https://www.bls.gov/news.release/empsit.toc.htm.

[3] "*Remarks by President Trump on Deregulation*", the White House, December 14, 2017, https://www.whitehouse.gov/briefings-statements/remarks-president-trump-deregulation/.

总的来说，特朗普执政期间的国内经济策略明显倾向于新自由主义理念，其政策基调和实质特征无不体现这一主张。在宏观经济调控上，政府并未选择大规模刺激需求的途径。其中，税制改革是特朗普政府的重中之重，它大幅度削减了企业税负，对海外盈利的回流实施了优惠政策，同时个人所得税也普遍下调，力图打造更为简洁的税收体系。然而，特朗普政府在社会支出方面采取了截然相反的策略，特别是对奥巴马医改做了若干修正，这与前任总统奥巴马及小布什时期的增加财政开支、减免税收举措形成鲜明对比，反映出政策决策的显著转变。

2. 特朗普政府的所有政策都有着明显的阶级取向

美国社会的不平等现象在新自由主义的"涓滴经济学"推动下日益加剧，其受益者主要是富裕阶层和企业界。特朗普政府的经济理念，无疑加深了这种不平等，这与总统自身的商业背景有着密切的联系。尽管特朗普凭借"让美国再次伟大"的响亮口号和对底层家庭的承诺赢得了支持，但这些口号和承诺并不能完全揭示他背后的阶级立场。

审视特朗普政府的税制改革，其减税策略普遍覆盖了各行各业及社会各阶层，短期内呈现减负效应，各个群体都可能受益。然而，深入探究每个税种的调整，长期影响的分布则呈现多样性。在个人所得税的调整中，尽管改革试图实现公平，但实质上，减税的大部分利益似乎倾向于高收入群体。相较于个人所得税的改革，企业税的改革更为核心，它旨在大幅精简税收体系和程序。不过，值得注意的是，大多数企业所得利益往往掌握在富裕阶层手中，他们可能利用这些改革来合法地规避税收，从某种角度看，税改似乎默许了这种行为的合法性。

在就业领域，特朗普政府确实开启了更多的就业人门，伴随着薪资的小幅提升。然而，对劳动者的全面保护措施却在逐步缩减。[①] 自上任以来，特朗普政府毫不迟疑地撤销了一系列旨在为劳工提供适度保护的温和劳动法规，直接打击了工会的势力。尤其在2018年，特朗普一口气发布了三个总统行政命令，它们对工人的权益产生了深远影响。这些命令涉及员工的权益保护，尤其是可能因工作表现不佳而被解雇的员工的正当程序权利，对"资历"使用的更为严格监控和限制以及对集体协商程序的调整，限制了管理层对所谓"低效员工"追责或表彰"高效员工"的权力。这些都是历经长时间谈判才达成的共识。这些举动无疑显示出，特朗普政府的意图是增强雇主的掌控力，同时在一定程度上削弱了工会的影响力。

新自由主义饱受批评的主要症结在于，它加剧了社会的贫富分化和阶层隔阂。美国，在新自由主义的影响下，贫富差距的问题一直未曾消减。为了推动经济发展，

[①] 贾根良，何增平：《特朗普减税、财政危机与美国经济的结构性问题》，《江西社会科学》2017年第11期。

美国政府采取了以削减社会福利、减税和放宽监管为核心的新自由主义措施，然而，这在某种程度上恶化了国内的收入不平等。原因在于，无论是特朗普政府还是先前的执政者，似乎都忽视了中低收入阶层的权益，在政策导向上明显偏向富人[①]。这种倾向性在新自由主义的核心理念中体现得淋漓尽致。马丁·雅克曾揭示，新自由主义时代的最显著弊端就是不平等现象的剧增。美国日益加剧的阶层对立，无疑揭示了新自由主义的本质：它实质上是维护顶层阶级利益的工具，只会加剧贫富悬殊，使富者愈富，贫者愈贫。

自特朗普就任以来，其经济政策，包括税收削减和监管松绑，似乎始终局限于"用新自由主义的理念来修补新自由主义"[②]的窠臼。在他的领导下，美国政府采取了一系列行动以振兴经济，巩固其全球领导地位。然而，这些策略的阶级本质、虚伪伪装、欺骗本质以及潜在的危害，正逐渐浮出水面。实际上，新自由主义从诞生之际就不是一个单纯的经济危机应对策略，而是一个以掠夺为基础的资本主义重构计划，其核心目标是实现财富和权力的空前集中。特朗普政府的政策实践进一步揭示，新自由主义无法也无意解决资本主义的根本冲突。美国社会批判理论家南希·弗雷泽曾犀利地指出，"新自由主义和法西斯主义是资本主义全球体系中相互关联的两个面相"[③]尽管它们在规范上相异，但都源于无约束的资本主义，它瓦解了世界各地的稳定，同时带来了个人自由的幻象和无尽的痛苦。

二、英国的新自由主义政策调整

新自由主义是英国现代政治思想中最重要的流派。它提倡在新的时代背景下，坚守个人的自主权，调和社会的冲突，同时捍卫基于自由竞争的资本主义体系，实质上是经济自由主义的一次复兴。自19世纪末期的70年代，其影响力在全球经济策略中日益凸显，成为一股不容忽视的潮流。新自由主义的核心理念，是对政府对国内经济的调控持否定态度，强调"无形的手"在市场中的主导作用。这"看得见的手"与"无形的手"之间的互动，长久以来都是全球热议的议题。作为工业化进程的先驱，英国的经济战略和理论模型在全球舞台上具有典范性。该国的经济政策历经了从重商主义到经济自由，再到凯恩斯主义，新自由主义，直至"第三条道路"的演变，见证了干预与市场自由之间的动态平衡。历史上，这种"钟摆"式的政策转

---

① Martin Jacques, *"the death of neoliberalism and the crisis in western politics"*, the Guardian, 21 Agust 2016.
② 蔡万焕，张成：《特朗普减税：新自由主义的又一次实践》，《马克思主义与现实》2018年第5期。
③ Nancy Fraser and Andrew Awato, *"American Elections: a Dialog on the Left"*, http://www.publicseminar.org/2016/09/american-elections-a-dialogue-on-the-left/.

变，反映了国家调控与市场经济之间关系的微妙变化，也折射出权力与资本间的复杂纠葛以及经济转型与社会稳定之间的微妙平衡。

（一）挽救金融危机的新自由主义实践

在金融危机的狂澜中，英国经济饱受摧残，银行业的崩塌、金融体系的动荡、英镑汇率的不稳、失业率的攀升以及民众的怨声载道，形成了一幅严峻的画面。这场经济风暴对工党倡导的经济策略与第三条道路的理念构成了猛烈的挑战。作为应对，布朗领导的政府不得不采取强有力的国家干预措施，耗费了巨额的公共资金，相当于数千亿英镑，以期稳定局势。然而，伴随着一系列复杂因素，布朗政府在2010年黯然离职，由保守党卡梅伦和自由民主党组成的联合政府接过了权杖。新政府采取了严格的财政紧缩政策，但经济状况并未明显好转，反而债务负担沉重。此时的英国经济似乎处于急救模式，无暇顾及理论上的宏图大略。

在应对2008年全球金融危机引发的英国经济衰退时，首相卡梅伦采取了新自由主义为其经济治理的核心理念，随之而来的是对宏观经济策略的一系列改革举措。在卡梅伦执政期间，财政和货币政策成了其宏观调控的"双驾马车"。

在宏观经济调控策略的双轨上，英国政府坚守着其通胀管理的承诺，并构建了一套新颖的"双峰"金融监管架构。同时，他们大幅度扩充了量化宽松政策的实施力度，还推出了一系列非常规的金融手段，比如信贷支持计划以及前瞻性的货币政策指引。在财政政策的战场上，削减赤字被设定为首要任务，政府力求通过压缩公共支出，来遏制预算缺口的扩张。

为实现这一目标，政府精心策划了"减赤"战役，强化了财政整固的力度，设立了财政决策的权威机构——财政委员会，确立了新的财政纪律，并迅速推出了旨在提振经济的回购计划与企业税收减免政策。[①] 这些举措相得益彰，共同推动了经济的转型。到了2013年，英国成功地从2010至2012年那段短期经济低迷中强势反弹，宏观经济踏上了复苏的轨道。

银行业在英国享有盛誉，然而自金融危机爆发以来，这一领域遭受了沉重打击，迫使英国政府将银行业复苏列为首要考量。在那段动荡的日子里，政府频频出手援助，向深受金融危机困扰的哈利法克斯银行和苏格兰皇家银行注入了大量资金。为了提振国家经济，英国政府精心策划并实施了一项全方位的复苏策略，当时的首相戈登·布朗力挺这一计划，高呼这是重振经济的强有力举措，其中包括减税的提案。金融危机的余波尚未消散，英国政府便推出了以减税为核心的200亿英镑刺激方案。

---

① 杨光斌：《英国卡梅伦政府的宏观经济政策研究》，山东师范大学硕士论文，2019年，第56页。

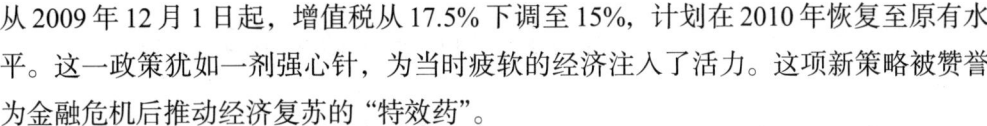

从2009年12月1日起,增值税从17.5%下调至15%,计划在2010年恢复至原有水平。这一政策犹如一剂强心针,为当时疲软的经济注入了活力。这项新策略被赞誉为金融危机后推动经济复苏的"特效药"。

(二)发展英国经济的新自由主义实践

在2016年7月13日那个重要的日子,特蕾莎·梅接棒卡梅伦,成了英国的新一任首相。她肩负着振兴国家经济的重任,对新自由主义政策进行了一系列调整。特蕾莎·梅坚信政府的力量能够驱动英国经济的活力,提升国际竞争力。在国家的总体布局上,她延续了前任卡梅伦的宏伟蓝图,即打造英国北部的经济驱动力,同时提出了雄心勃勃的《英国工业战略》。这一战略旨在扭转制造业在国家经济和就业中的萎靡态势。

《英国工业战略》的核心是激发创新活力,强化工业根基以及通过公共采购来支持中小企业的成长。在具体的产业导向上,她着重推崇高端制造业,比如航空和汽车工业。到2020年,她计划投入6亿英镑来推动电动汽车和公交的转型,旨在于2050年前实现英国汽车行业的零排放目标。同时,她也关注北海地区的生命科学和石油天然气勘探领域的发展。此外,特蕾莎·梅还计划加大对高科技产业的支持,以确保英国在全球的领先地位。

在财政管理领域,由于英国政府坚持的紧缩路线,一系列的减税措施和新公共工程的提议预示着预算赤字将有所收窄,不过,这也反映了特蕾莎·梅任内遗留的财政困境。在财政策略上,特蕾莎·梅致力于通过降低企业税来提升国家的经济竞争力,计划在2020年前将税率下调至17%,同时保持增值税不变,并适度提升个人所得税的免税额度。在财政支出规划上,英国政府从2020年开始,将投入GDP的1%至1.2%用于经济基础设施建设,着重在交通、通信和住房领域增加投资。同时,政府计划对占据财政开支30.5%的社会保障和养老金制度进行改革,以实现资金的优化。在探讨收入均衡的问题上,保守党针对日益加剧的国内收入不平等问题,承诺在2020年前将最低工资提升60%,并且要求企业公开高级管理人员与普通员工薪酬之间的差距,并对此进行合理的监管。

自鲍里斯就任首相职务已超过一年,其间历经公投脱欧、大选风云等挑战。他的"全球英国"构想在现实中显得复杂且扑朔迷离,对其经济策略的定性,目前尚无定论。

第二节 其他发达国家新自由主义政策的新变化

一、德国"第三条道路"对新自由主义的思辨运用

提及德国的新自由主义思潮，弗莱堡学派无疑是其中不可或缺的一环，这个源于德国的学派也被称为自由秩序经济学派，它是新自由主义经济学理论的一颗璀璨明珠。该学派深受个人主义价值观的影响，将社会伦理建立在其之上，同时以秩序观念为经济分析的基石，同时还汲取了历史学派的智慧，从而形成了具有独特德国色彩的新自由主义理念。在2008年的全球金融危机中，德国虽然未能完全幸免，但所受的影响相较于西欧其他国家而言较为轻微。2014年，德国引领了工业4.0的浪潮，傲然屹立于时代发展的潮头。这些显著的成就在一定程度上归功于弗莱堡学派的理论指导，对新自由主义的深思熟虑的应用以及对本国国情的灵活适应和探索。

（一）走向协调市场经济的"第三种模式"

德国社会市场经济的理念，实质上是一种融合了有序竞争与适度政府调控的经济体系，它坚守市场自发调节的信念，同时又接纳政府的介入，还注重社会的和谐稳定。这与美国及其他资本主义国家倡导的激进经济变革理念形成了鲜明对比，德国走的是一条稳健且渐进的改革路径。其社会市场经济的构想追求一种平衡的市场竞争状态，它开辟了一条区别于自由放任和凯恩斯主义的中庸之道，巧妙地将市场自律与政府干涉的机制交织，提倡集权与自由市场两者之间相互配合、交替促进的经济模式。遵循这一理论，德国的变革举措展现出比全球其他地区更为审慎的态度，它的步伐稳健，力度适中，改革进程更为细腻微妙。

在审视自由主义的历史脉络中，我们发现，自由市场经济在19世纪末至20世纪初的局限性促使了早期凯恩斯主义和新自由主义两种经济体系的崛起。它们之所以能够发展，是因为自由市场的自我调节机制或是行不通，或是已经失效。当2008年全球经济因美国的金融危机而动荡不安时，德国又一次面临了这样的现实挑战。在这种自由市场机制的基础动摇，核心理念遭受质疑的情境下，新自由主义作为经济政策的基石，其有效性显然受到了严重冲击。

德国提出这第三种方案的基本假设是，资本主义的本质究竟是为了推动金融的革新，还是聚焦于生产社会必需的物品与服务？[①] 这个设想能否成真，关键在于如何在经济的波动与不稳定中，有效地配置资源，调控市场，获取资金以及确保资本主

[①] 克里斯托弗·艾伦，张志超：《理念、制度与组织化的资本主义——两德统一20年来的政治经济模式》，《国外理论动态》2015年第10期。

义的根本目标得以实现。

（二）德国新自由主义政策调整

自全球金融风暴以来，德国在结构性改革的道路上堪称欧洲国家的先锋，其经济展现出非凡的复原力，始终引领着复苏的潮流。这一成就主要得益于德国对结构优化的持久承诺，它通过创新激励和高效资源配置，不断推动着国家的进步。在新自由主义的政策导向下，德国实施了一系列关键调整，如改革劳动力市场，精简社会福利，降低税收负担，同时增加教育与科研的投资，加速职业培训的扩展。特别是在劳动力市场改革中，调整失业保险和福利制度，逐步削减失业救济，同时强化再就业的强制性措施，都发挥着至关重要的作用。

在实施的策略中，德国联邦就业服务部门采取了更为积极主动的措施，代替了以往过度干涉劳动力市场的做法。这些举措包括增设就业援助中心、优化职业培训项目以及调整失业救济金政策。当员工面临裁员时，他们被要求立即联系就业服务中心，以期迅速找到新的就业机会。而失业者也有义务考虑职业介绍所提供的职位，屡次回绝可能会导致福利待遇的削减。同时，德国对《就业保护法》进行了改编，为小型企业雇佣临时工提供了更多便利，简化了由于经营不善导致裁员的程序，从而降低了企业运营成本。尽管这些劳动力市场改革有助于减少开支，提升经济效能，但德国在国际竞争中的强势地位并非单纯归功于低廉的劳动力成本。

随着时间的推移，德国政策的实施逐渐显现出积极的效应。首要变化体现在失业率的显著下降。2005年初始，德国的失业人口高达520万，但随后这一数字锐减，如今已降至300万以下，而长期失业者人数更是保持在100万以下，青年失业率更是整个欧洲地区中最低的。2014年，德国的就业率跃至历史巅峰，失业保险基金实现了14亿欧元的盈余，大大超出预估。其次，德国的经济发展态势长期稳健，向好趋势明显。尽管2009年受到美国次贷危机冲击，经济曾一度下滑至-5.1%，但仅仅一年后，便以3.9%的强劲增长势头引领全球经济增长。2012年，尽管欧债危机拖累了德国经济，使其增速放缓，然而德国的经济增速依然超越欧盟27国的平均水平，傲居欧洲各国之首。再者，坚实的制造业是德国实体经济的基石，它凭借灵活的劳动力市场降低了雇佣成本，提升了经济效益。得益于对教育和科研的持续投入，德国制造业的产品质量优秀，市场份额不断扩大，国际竞争力显著，2005年至2015年间，其平均贸易顺差占GDP的6.7%。欧债危机期间，其他国家失业率的上升为德国提供了大量廉价劳动力，同时欧元疲软进一步提振了德国的出口，因此，近年来，贸易顺差在GDP中的占比呈现上升的趋势。

（三）德国新自由主义之路受到欧盟体制的制约

在探索经济发展的多元路径上，德国的弗莱堡学派虽被视为新自由主义的一支，但他们独树一帜地发展出一套社会经济理论，促使德国踏上了寻求"中间道路"的探索之旅。与此同时，北欧四国凭借对其国情的精准把握，以温和而渐进的改革方式，孕育出了著名的斯堪的纳维亚模式。这些地区的成功探索，为我国的发展提供了宝贵的借鉴。然而，在金融危机的余波中，德国新自由主义面临着严峻的质询：是否欧洲构建国家发展模式的时代已然落幕？在欧洲的舞台上，国家模式建设的时代是否已经终结？

在构建任何类似的体系时，不可避免地要直面欧盟那套复杂的"结构"，即成员国间的组织难题。20世纪80年代，当欧洲一体化的乐观情绪弥漫时，许多欧洲人幻想能够坐享欧洲一体化的福利，而无需承受潜在的变化。然而，随着新自由主义条约与法规的接踵而至，签署与实行，民族国家对财政（限制赤字在3%以内）和货币政策（尤其是对16个欧元区国家）的掌控力悄然减弱，国家主权在无形中受损。实质上，政治主导权已悄然转移至布鲁塞尔，国家似乎已无处可逃。当然，这种描述有夸大的嫌疑，但毋庸置疑的是，国家对经济政策的影响力减退，意味着欧盟的决策往往超越了成员国的意愿。若要推翻现存制度，以一种协调的市场经济取而代之，欧洲人必须直面欧盟体系中缺失的政治责任的难题：它既需民主的保障，又需市场的活力。

在2010年初，财政赤字问题在希腊、西班牙和葡萄牙三国浮出水面，这些国家为了维持社会福利而进行的大规模支出引发了政治上的动荡。这促使人们质疑，欧元在财政政策差异显著的成员国之间，其长期稳定性以及作用几何。显然，构建第三种解决方案是一项耗时费力的长远计划，但面对可能的经济浩劫，欧洲若期望打造稳固的政治格局，显然有更多选择比新自由主义更具希望。对成熟的民主国家而言，新自由主义似乎不再被视为推动先进民主的万能良药。

二、法国经济改革重返新自由主义之路

在20世纪80年代初期，法国经济踏上了私有化改革的征途，这一进程深受新自由主义思想的影响，尽管这种理念在法国并未得到官方的明确承认，也未获得广泛的民众赞同，反而常在主流思潮和学术讨论中遭遇抵触。然而，法国并未因此偏离新自由主义的轨迹，而是巧妙地调整和包装了这些政策，使其适应国内的实际情况。这种策略性地接纳和改造新自由主义的举措，构成了当时法国经济改革的核心策略，其深远的影响直至今日仍持续在法国社会中显现。

第三章 后金融危机时代新自由主义政策的新变化

(一) 金融危机之后萨科齐总统主导的新自由主义改革

尽管法国成功渡过了金融危机的冲击，但经济的复苏之旅并非毫无瑕疵。财政挑战如影随形，导致菲永政府不得不应对预算赤字的反弹以及国家债务的棘手局面。事实上，自 1974 年起，法国的财政平衡就一直处于摇摆不定的状态，公共债务的比重从最初的占 GDP 的 21%，一路攀升至现今的超过 80%。面对这道严峻的财政难题，总统萨科齐在 2010 年提出了一个具有历史意义的解决方案，他提议将财政平衡的原则提升为国家的长期目标，并通过立法将其固定在宪法之中，这一提议最终赢得了国会的赞同。

遵循宏观调控的指引，法国的执政者踏上了新自由主义变革的道路。首先，精简国家机构，压缩开支，以此削减行政成本。其次，通过提升增值税并撤销大部分税收优惠，他们成功地为国库注入了额外的资源。再次，对高收入群体额外征税。最后，法国政府宣告，总统与部长们的薪酬将被冻结，直至公共财务恢复稳健，同时鼓励企业巨头的领导人效仿。在税收体系的深层次改革中，法国政府尤为关注，比如调整了特殊的养老金计划，旨在平衡税收的收入与支出。

(二) 奥朗德时代的经济体制改革将新自由主义推向高潮

在法国第十届共和国的总统选举中，弗朗索瓦·奥朗德拔得头筹，开启了法国历史的新篇章，人们称之为"奥朗德时期"。奥朗德总统一上任，就不得不直面一系列棘手的社会经济问题，如经济增长乏力、财政赤字加剧、公共债务累积如山以及失业率剧增。这些困境迫使法国不得不重新审视并调整其经济策略。奥朗德总统将法国的经济挑战归咎于过去十年右翼力量推行的"右翼自由主义"政策。遵循他的竞选标语"变革即刻发生"以及竞选承诺的 60 项计划，奥朗德联合艾罗政府着手推行一系列改革，包括税制改革、经济振兴、就业增加、财政赤字削减以及应对欧洲债务危机的举措。

在欧盟的财政规范压力下，法国政府开始调整其财政策略，以符合《稳定与增长公约》的规定，欧盟对此表示了持续的关注，敦促法国及其他成员国控制预算赤字和公共债务。为响应欧盟的要求，法国政府采取了系列强硬措施：首先，压缩开支，其中包括降低高级官员的薪酬，如总统和总理以及国有企业 CEO 的薪资上限，同时强调政府部门和地方机构需严格控制开支。其次，法国在欧盟的见证下，设定了一个雄心勃勃的减债计划，目标是在 2017 年将公共赤字降至国内生产总值的 3% 以下，并在法国稳定计划中，将结构性赤字减少到国内生产总值的 0.5%（即 100 亿欧元），这样的减债决心在二战后实属罕见。最后，法国立法机构在 2012 年 7 月通过了一组包含增税、开支削减和医疗保险调整的综合性法案，总规模达到约170亿欧元，展现了法国政府改革的决心。

为了增强经济活力并提升工业的国际竞争力，法国采取了一系列策略。其中，至关重要的是实施"法国新工业计划"，这是一个旨在通过大规模减税，总计200亿欧元以及推行34项具体工业发展举措，来激发国内工业和制造业的复苏与壮大。此外，为了在更广泛的层面上促进工业复兴并确保企业在国际舞台上的竞争优势，法国还聚焦于住房、教育、创新以及劳动力成本的优化，通过签署竞争力协议，对这些领域进行改革与提升。这样的全面布局，旨在为法国经济的长远发展打下坚实基础。

艾罗政府在2012年的一项关键举措中，聚焦于就业领域的重大战役，即推动了"未来就业法案"的议会通过。这部法律特别关注的是，那些居住在失业率攀升的城乡区域，年龄在16至25岁之间的青年人以及身在海外，专业技能匮乏或有限的青年群体。法案中包含了配套的教育与培训计划。政府将此立法作为其施政的首要任务，决心在接下来的三年间，利用国家财政的力量，为这个处境艰难的青年群体创造高达15万个就业机会。

在2012年，奥朗德总统在激烈的总统及立法选举中，向选民许下了诸多承诺。然而，就任后的奥朗德总统与艾罗政府的革新措施似乎并未在短期内兑现这些诺言。经济刺激的成效在过度财政紧缩的背景下显得微乎其微，这也让期待变革的法国人感到了深深的失望。这种背景下，2014年3月31日，奥朗德总统选择任命52岁的内政部长曼努埃尔·瓦尔斯，组建新一届政府，即第五共和国的第三十七届内阁。瓦尔斯与奥朗德的组合，以其鲜明的"社会自由主义"立场，采取了前所未有的削减公共开支和企业支持力度的政策。

在2014年内，瓦尔斯政府宣布，将在社会党执政的五年期间，额外减少500亿欧元的税收，与此同时，为配合《责任与团结公约》①，原有的150亿欧元减税计划也已列入日程。这些举措旨在增强中产阶级的消费能力，同时降低国家的财政赤字。紧接着，一年后，即2015年，瓦尔斯政府再次宣布，在接下来的两年里，将额外减税90亿欧元，这些资金主要用于医疗保健和地方行政开支的分担。

这标志着，从2015年至2017年，瓦尔斯政府将以史无前例的决心，为中央政府、地方政府、医疗保险及社会保障体系节省总计590亿欧元的开支。这样的财政调整策略，无疑体现了新政府对经济改革的坚定决心以及通过财政手段促进社会公正的政策导向。尽管面临着重重挑战，但瓦尔斯政府的这一系列举措，无疑是法国经济和社会政策的一次重大转折。

---

① 吴国庆：《法国政治史（1958-2017）》，北京：社会科学文献出版社，2018年版，第542页。

在筹备下一届总统选举的策略中,瓦尔斯总理于12月6日选择了辞去现职。紧接着,爱丽舍宫宣布了贝尔纳·卡泽纳夫的新任总理身份,随之而来的便是第五共和国第四十届政府的组建。卡泽纳夫领导的政府采取了一系列措施,旨在提升国家在全球的竞争力。他们计划在2017年底时,将中小企业的税率降至28%,并在未来三年内逐步扩展税收优惠的覆盖范围,使之惠及所有行业。这样的改革有助于在欧盟成员国之间建立协调一致的税率体系。同时,现有的税收优惠政策得到强化,特别是对中小企业的就业支持,将持续至2017年。对促进就业和竞争力的税收优惠,政府将其比例提升至员工薪酬的7%。此外,外籍员工的免税期延长至8年,对他们的奖金收入也实行豁免。为了鼓励创业初期的中小企业进行周期性投资,政府推出了企业家账户和投资者账户,以此完善税收框架,并增加了相应的优惠政策。

(三)马克龙时代新自由主义的继续与调整

在2017年的法国总统选举中,埃马纽埃尔·马克龙以微弱优势胜出,接棒成为法兰西第五共和国的第十一任国家元首。随后,他委任爱德华·菲利普为总理,共同组建了第五共和国第四十二届政府。一份来自法国公共行政与政策基金会的研究指出,得益于前任奥朗德时期推行的改革措施逐渐显现成效,马克龙政府上任之际,国家经济显现积极态势,就业市场呈现回暖迹象,预计到2022年,将新增约26.4万个就业机会。然而,经济向好的同时,公共债务的累积也不容忽视,其数额仍在持续增长。

马克龙在经济政策上坚定地采取了新自由主义的路径,旨在通过一系列改革措施来重塑法国的经济格局。他的核心理念是通过"国有部门的瘦身"来提升国家的经济活力,同时增强法国在全球市场中的竞争优势,以期实现经济的快速增长和财政收入的扩充。为了达成这一目标,他倡导建立一个更为灵活的劳动力市场,意图调整现存的劳动法规,以此降低失业率,使其稳定在7%的水平。他还计划将企业税从原有的35%大幅度削减至25%,以促进企业的发展。①马克龙的经济发展策略与北欧模式在很多方面存在共通之处,即在推动市场自由化的同时,也注重社会福利的完善。他规划在未来的五年里,一方面通过削减600亿欧元的公共开支来实现财政的精简,另一方面则投资500亿欧元以激发市场的活力,进而刺激经济的全面发展。这一系列举措反映出马克龙对经济改革的决心以及他对平衡市场效率和社会福利的深刻理解。②

马克龙对企业税制实施改革,将法国的企业税率大幅度下调,从33%减少至更

---

① 参见马克龙政府的宣言。
② 数据来自法国公共行政与政策研究基金会的报告,https://www.ifrap.org.

为亲商的25%。与此同时,他推行的政策中,富人的非金融资产不再受到新的财富税的约束。在个人所得税的框架内,马克龙引入了更具灵活性的选择,允许已婚纳税人自由选择以个人或共同申报的方式报税。对财富税的改革,他提出实施"家庭财产税",这一税种将针对净值超过79万欧元的个人,采取累进制计算,不过,值得注意的是,这个税种仅限于不动产,也就是说,房地产财富税的适用对象仅限于房地产业的资产。

在法国,尽管长时期内新自由主义的改革如火如荼,对这种理念的态度,社会上却充满了矛盾情绪。尽管并未被广泛接纳为官方主流或正统的意识形态,新自由主义的理念在法国却以一种微妙的方式存续。这里的人们时常公开反对那些带有明显新自由主义色彩的政策举措。然而,它在法国并非以一种传统的接受方式存在,而是逐渐演变成了一种应对不断变化环境的策略。无论政府如何诠释和实践新自由主义,它在法国已成为一种适应性的选择。尤其在后金融危机时期,面对金融体制的不稳定性与极右势力的崛起,法国似乎在挑战面前,不得不继续倚重新自由主义的框架来应对这些复杂局势。

第三节 亚、非、拉地区"去新自由主义化"的政策新变化

自20世纪70年代起,新自由主义的浪潮席卷全球,被视为无可避免的趋势。然而,进入21世纪,东亚地区的经济崛起不容忽视,成为国际关系舞台上的一股显著力量。这股崛起的力量不仅重塑了区域内各国的经济结构,同时也深刻地重构了全球政治经济的格局。东亚独特的经济发展模式与新自由主义理念之间的碰撞,引发了国内外学术界广泛的兴趣与深入的研究。鉴于此,本章节将通过分析东亚国家的政策转型,来深入探究亚洲地区对新自由主义理念的偏离现象。

一、亚洲超越新自由主义的经济体制改革

自20世纪80年代起,全球经济与政治舞台经历了翻天覆地的转变,东亚模式赖以生存和发展的客观条件也发生了变化。内外部的压力逐渐揭示了东亚体制的局限,改革的浪潮与紧迫感在全球范围内势不可挡。与此同时,新自由主义的改革狂潮正以席卷之势横扫地球村。于是,在这些相互交织的力量推动下,新自由主义的经济体系改革开始对东亚产生出乎意料的冲击。即使是以日本为代表的东亚国家曾对国际货币基金组织及新自由主义政策持有保留态度,东亚地区的崛起却不可忽视,它对美国的主导地位构成了显著的挑战。特别是中国和部分东盟成员国,它们正以

前所未有的速度从中低收入国家迈进中高收入国家的行列,这一转型态势引人深思。

在1993年的一份名为《东亚奇迹:经济增长与公共政策》的报告中,世界银行提出了一个引人深思的观点,即东亚的发展模式实际上是一种经济自由主义的变体,而东亚的繁荣在很大程度上印证了自由主义策略的有效性。这个见解在西方知识界引起了广泛的关注。新自由主义经济学家们尤其强调,东亚经济体的繁荣应当归功于它们对市场机制的遵从,坚信市场机制能够最优化地配置资源。然而,东亚模式与纯粹的自由主义模式之间存在着显著的差异,尤其体现在政府对市场的积极参与上,这揭示了政府适时干预在推动经济发展中的不可或缺性。东亚的经验为全球众多发展中经济体提供了一种可供参考的策略选择,这在一定程度上挑战了西方普遍推崇的自由市场模式。东亚的崛起,无疑与其独特的治理模式紧密相连,这一模式的显著特征是政府的广泛介入,这与现今盛行的自由市场理念形成了鲜明对比。

在历史的长河中,尽管那些曾经依赖强大政府的国家在变革过程中遭遇了种种挑战,被迫历经曲折的道路,它们的复兴计划总的来说还是颇具成效的。不可否认,一个能够有力引领的政府历来被视为克服市场失效、填补市场缺陷的关键所在,它是推动复苏策略的中坚力量。然而,这里存在一个至关重要的条件,那就是这个政府自身必须保持运行无碍,否则,如果政府本身也陷入失效,那么它不仅无法修复失灵的市场,反而可能加剧双重失效,使得局面更加恶化。

二、非洲对抗欧美新自由主义的经济结构改革

非洲的发展进程深受西方新自由主义模式的制约,这种政策被视为其进步的一大"绊脚石"。实际上,非洲的经济策略与政策,自始至终仿佛是经济结构调整的翻版。在非洲,西方新自由主义的主导力量,尤其是垄断资本,犹如挥之不去的阴影,它们榨取了这个大陆的大部分收益,而新自由主义对非洲的干预策略,已产生某种程度上对非洲利益的侵蚀。经过长时间的渗透,新自由主义的信条已在非洲留下深深烙印。整体来看,非洲国家普遍构建了以私有财产权和自由市场为核心架构的经济体制。这种格局同时也加深了非洲对发达国家,尤其是先进资本主义社会的经济依附。特别是随着全球化进程的持续推进,非洲对国际金融势力和跨国集团的依赖日益增强,进而日益遭受新形式殖民剥削的困扰。

(一)欧美主导的非洲新自由主义结构调整及其灾难性影响

在赢得了自主权之后,非洲国家积极寻求经济自立,这在《洛美公约》中得到了体现,该公约反映了非洲对重塑国际政治经济格局的期望。于1975年2月签署的首个《洛美公约》许诺,46个非洲、加勒比和太平洋的新兴经济体的工业产品及大

多数农产品可以免税且无限制地进入当时的欧洲经济共同体（后来的欧盟）市场，而作为交换，欧盟成员国仅要求这些国家给予最惠国待遇。表面上，这提升了非洲国家的出口能力，但实际上，欧盟有权保留关税，以保护其正在发展的工业部门。然而，随着20世纪70年代至80年代非洲债务危机的加剧以及"华盛顿共识"倡导的自由市场理念的兴起，《洛美公约》逐渐受到新自由主义经济政策的强烈冲击。[①]

在80年代的初期阶段，美国的利率出现了显著提升，这一举动间接引发了非洲大陆上的一场重大危机。非洲的国家们，尤其是南部国家，被迫向位于美国和欧洲的贷款巨头求助，随之而来的是一笔笔高额的利息负担。据权威的World Bank数据显示，从1975年的负4%，到1985年令人咂舌的10%以上，这些国家的实际支付利息率经历了翻天覆地的变化。随着利率的螺旋式上升，美元计价的金融资产价值也相应飙升，美元汇率随之水涨船高。这一系列连锁反应又导致了石油和各类商品期货价格的暴跌。对那些严重依赖出口石油和商品来换取外汇、以偿付外债的非洲国家来说，这无异于雪上加霜，将它们推向了经济灾难的边缘。

面对沉重的债务负担，非洲国家在国际贷款的渴望驱使下，不得不接纳了"华盛顿共识"倡导的自由化经济改革策略。这种策略的核心内容是推行货币贬值，实施严格的财政纪律，逐步取消政府对物价的补贴与控制，压低实际工资水平，并优先处理对外债务。这些变革措施作为换取外来援助的筹码，让非洲债务国别无选择，只能接受。于是，新自由主义的经济理念开始在非洲大陆扎根，主导着各成员国的经济转型进程。

在国际金融体系中，西方国家的影响深远地渗透进了非洲的经济政策制定。非洲境内的国际组织和跨国公司的影响力日益壮大，这导致许多发展中的非洲国家被迫采纳新自由主义的经济改革，这些改革并非出于本地发展的内在需求，而是为了适应全球经济由发达国家主导的格局。由于外汇短缺和沉重的债务负担，非洲国家似乎被逼上了遵循新自由主义经济规则的道路，这导致了它们在发展道路上丧失了自主权和选择的多样性，仿佛只能选择新自由主义改革作为唯一的出路。[②] 尤其值得注意的是，新自由主义的结构调整策略开启了非洲国家在发展战略和政策上受新自由主义主导的新纪元。

---

① 马汉智：《欧美新自由主义对非洲发展政策及其影响》，《世界社会主义研究》2020年第6期。
② 李智彪：《对后结构调整时期非洲主流经济发展战略与政策的批判性思考》，《西亚非洲》2011年第8期。

（二）非洲掀起了新一轮的私有化改革浪潮

在经济逆境中，非洲国度被迫接纳了源自西方的自由市场改革，然而，这场改革最终以挫折收场。表面上看，失败源于改革方案与非洲国家的经济需求脱节，实际上，这更像是西方大国对非洲进行经济操纵的策略性布局。面对自由市场改革带来的发展瓶颈，西方国家将责任归咎于非洲实施的不完全，从而在非洲大陆掀起了新的私有化浪潮。据统计，截至2019年11月，至少有7个国家迈出了私有化改革的步伐，影响了超过300家企业。特别引人注目的是，安哥拉以高达195个项目的规模排在首位，紧随其后的是肯尼亚（26个）和津巴布韦（22个）。除此之外，加纳与尼日利亚的高层领导近年来也数次在公开场合流露出对私有化路径的思考与考量。

审视此次私有化改革的推动力，其核心动机在于缓解债务压力，这与历史上大多数私有化案例的初衷如出一辙。于是，那些深陷债务困境的国家采取了广泛的私有化策略，旨在通过资产出售来积累必要的资金，以确保在2020年至2025年间，当债务基金面临偿付高峰时，能够避免国家信用违约的厄运。

从改革的产业部门和具体项目来看，改革的核心聚焦在那些国家经济命脉的关键领域，如农业、能源、矿产、基础设施、交通和金融等。这些被选定的企业，曾长期支撑着非洲各成员国的财政收入，其支柱地位毋庸置疑。此次私有化改革的广度与深度远超以往，其影响力显著。在这一转型的推动下，非洲各国政府怀揣着热切的期盼，希望通过所有制的革新，激发经济的内生增长动力，这在它们的主观决策中占据了主导地位。

在多数国有企业推进变革的进程中，私有化的实施普遍采取了局部策略，政府依旧持有相当数量的股份。值得注意的是，本轮国企资产的处置手段呈现多元化的特点，不再局限于先前的私有化途径，包括但不限于上市交易、公开募股、竞拍、招标，甚至定向招标等形式。

在非洲，一场私有化改革的热潮正在进行，它巧妙地融合了不同形式的经济所有制，从而一定程度上激发了企业运营的生机与活力。尽管如此，这场变革并未彻底割裂企业与公有制经济的联系，因为政府的影响力依旧在游戏中扮演着不可或缺的角色。

（三）当前欧美对非洲的新自由主义发展政策损害了非洲的利益

在全球的政策环境中，新自由主义的西方理念依然占据着重要位置。在非洲的发展历程中，这种影响尤为显著。西方国家，特别是通过世界银行等金融平台，推行新自由主义经济模式，强制非洲国家采纳。同时，西方在与非洲的交往中，也以其新自由主义的思维框架塑造和指导着对非策略，从而在实质上左右着非洲的发展方向。

以美国为例，特朗普总统推行的"美国优先"战略在非洲大陆引发了深远的涟漪，对当地国家的利益构成了显著冲击。在特朗普的治下，非洲的公共设施和服务经历了向私有化的转变，旨在吸引和便利美国的私营企业进入非洲市场，这一举措无疑对非洲的自主发展构成了挑战。在一些遵循"美国优先"计划进行改革的非洲国家，可以看到一个明显的趋势：那些得到美国支持与培养的西方私人企业、行政人员与工程专家开始掌控国家关键的能源领域。在这样的格局中，人们不禁担忧，未来的能源项目竞标将如何保持公正，又如何能平等对待全球的承包商和当地社区，这正是"新殖民主义"潜在威胁的写照。

三、拉丁美洲对新自由主义替代发展模式的探索

在21世纪的舞台上，拉丁美洲的困局并未完全由以金融资本为核心，新自由主义为外衣的模式所解决。左翼力量崭露头角，掌控政局，积极寻求适应本土的社会主义路径，以对抗新自由主义的冲击和对自然资源的剥削。他们坚持以国家为主导推动经济变革，抵御经济自由化和私有化进程带来的贫富差距与资源流失，同时推动深度民主改革，确保人民的参与。此外，他们还规划了一条人与自然和谐共存的发展蓝图，以求社会的永续发展。然而，拉丁美洲的左翼治理近年遭遇严峻挑战，政局倾向右转。这主要源于拉丁美洲长期的对外依赖，使其难以在动荡的国际环境中自立，导致国家与社会结构的不稳定性加剧。在西方资本主义体系中，资本的逐利本性不允许拉丁美洲独立发展。因此，拉丁美洲的改革之旅依旧漫长。新自由主义的内在张力以及其为资本帝国主义效力的本质，揭示了它所提供的国家现代化和全球化的框架，并非人类社会进步的终极答案。

（一）新发展主义与"21世纪社会主义"的替代方案

在21世纪的初期，拉美地区涌现了一股左翼政治的蓬勃力量，这股力量是对过去新自由主义政策在该地区占据主导地位的强烈抵制。左派政权提出了两种截然不同的发展途径：一种是相对温和而务实的新型发展主义，它承认市场机制的效益，同时也认识到国家调控的必要性，遵循着新自由主义经济体系的基础框架；另一种则是激进的"21世纪社会主义"，它力图彻底颠覆新自由主义的框架，开辟一条全新的发展路径。这两种理念都导致了广泛的政策转变和实际行动，包括在经济领域推行国有化、土地改革、价格管理与外汇控制；在社会领域，焦点在于实施有条件的社会福利转移、社会援助以及扩大公民福利；在区域合作与一体化的层面，它们强调自主性，反对美国引领的拉美整合趋势。总体来说，拉美左翼政府的新发展主义

与"21世纪社会主义"强调国家在发展中的核心角色,将社会公正和再分配置于政策的前沿,借助国家的力量来推动减贫、平衡社会财富和权力,从而促进社会经济的共同进步。这样的努力,既是对新自由主义模式和"华盛顿共识"的修正,也是对新型发展模式的一次创新探索。

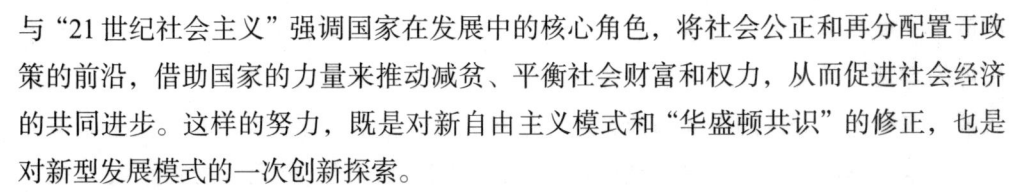

在新结构主义思潮的催化下,拉丁美洲国家纷纷踏上了一条改革之路,他们在政治与经济领域内推行了一系列颇具共性的举措。在经济的舞台上,各国政府不约而同地选择了以市场和出口为主导的发展策略,以求从经济困局中脱身,探索出一条崭新的繁荣路径。而在政治的棋局中,他们共同抵制帝国主义的侵蚀和区域霸权的强权,矢志推动国家民主化进程的现代化转型。新结构主义框架下的左翼执政力量,尽管其执政模式存在着内在的局限性,但作为对新自由主义的一次积极探索,它不失为一场富有价值的执政试验。然而,左派政府在很大程度上依赖于资源繁荣带来的收益,这使得他们在政治合作上的根基显得薄弱且缺乏稳定性。拉丁美洲的左翼政治尝试,尽管未能牢固地建立起一个能全面替代新自由主义的、可持续的发展范式,但其努力和探索,无疑为未来的道路开辟了新的可能。

(二)拉美左翼政府的新一轮经济政策调整

在2008年全球金融风暴的猛烈冲击下,拉丁美洲的经济体系遭受了出口收益急剧下滑的打击。然而,大多数拉美国家在此之前已经构筑了一套相对稳固的金融架构,且积累了可观的外汇储备。这些国家采取了积极的反周期性财政刺激措施,使经济在短期内得以复苏,逐渐回归到稳健的增长轨迹。彼时,经济合作与发展组织发展中心的负责人哈维尔·桑蒂索曾表示,拉丁美洲过去五年中的强劲扩张,主要得益于危机前实施的宏观经济政策的积极效应,包括资源价格飙升、贸易环境有利、借贷成本低廉以及外资充沛流入。他强调,这种增长的背后,是建立在稳健、高效政策框架基础上的管理智慧。[①] 长久以来,拉美国家的经济政策鲜少获得国际赞誉,而在后金融危机时期,这个地区成为全球少有保持进步,甚至取得进一步发展的范例。这在很大程度上归功于拉美国家挣脱了新自由主义的旧有枷锁,摆脱了"华盛顿共识"的局限,重新找回了政策制定的自主性和务实性。

1. 财政政策:强调增收节支与可持续增长

在2008年金融危机之后,拉丁美洲的决策者们并没有立即倾向于扩张性的财政手段,而是选择了一条以财政巩固为中心的道路,旨在确保经济的稳健与持久增长。随着经济的回暖,这些国家采取了双管齐下的策略——通过拓展税源和优化税

---

① 经济合作与发展组织发展中心:《2009年拉丁美洲经济展望》,岳云霞等译,北京:世界知识出版社,2009年版,第2页。

收体系，提升了国家的财政收入。同时，税率的上调也反映出拉丁美洲对经济健康发展的重视。在支出管理方面，各国展现出异乎寻常的审慎态度，其公共开支的增长速度普遍低于经济的整体增速，这在该地区的历史上是极为罕见的。这种审慎的财政政策，得益于一系列的财政改革，比如巴西所实施的《财政责任法》，秘鲁推行的《财政审慎与透明法》以及智利制定的《财政结构平衡法》，这些改革措施共同塑造了拉丁美洲在新世纪财政管理的新格局。

在拉丁美洲，各国政府采取了一种独特的财政管理策略，即设立《缓冲与储备资金》，以抵御商品价格波动对国家预算的冲击。举几个具体的例子，智利设有铜价平准基金，哥伦比亚拥有国家咖啡储备和稳定基金，厄瓜多尔则设立了稳定、社会投资与公共债务减少基金。此外，墨西哥的石油收入稳定基金和委内瑞拉的宏观经济稳定储备，都是这一策略的体现。这些基金在商品价格起落时，为公共财政提供了有力的保护和支持。

2. 货币与汇率政策：着眼于抑制通胀与货币升值压力

在经历金融危机的余波之际，拉丁美洲的国家持续遭遇通货膨胀的预期升温与货币价值的上扬挑战。国际油价的飙升，特别是对原油的依赖，是通胀压力加剧的核心推手。对中美洲的国家来说，它们严重依赖进口石油和燃料，这使得它们对抗通胀的处境更为艰难。同时，海外资金的大量涌入、贸易条件的显著优化以及海外汇款的显著增长，这些因素联合起来，对货币价值形成了显著的提升压力。

在探索货币政策转型的道路上，拉丁美洲的国家群体呈现三种独特的模式。首先，巴西、智利、哥伦比亚、墨西哥、巴拉圭、秘鲁、哥斯达黎加、危地马拉以及洪都拉斯，这些国家已经迈开步伐，或者正处于实施通胀管理策略的进程中。这些国家的中央银行面临着艰巨的任务，必须竭力贴近其通胀控制目标。值得注意的是，墨西哥和中美洲的部分国家还在推行石油与燃料价格的扶持政策。

其次，阿根廷、玻利维亚、尼加拉瓜和多米尼加则构成了第二类，它们的货币政策聚焦于提升国际储备，同时对国内信贷的增长加以约束。

最后，厄瓜多尔、萨尔瓦多和巴拿马三国属于美元区，它们实质上不具备独立的货币政策，利率走势与全球市场基本保持一致。

(三) 改革仍存在很多问题

在拉丁美洲的转型过程中，经济改革与结构调整不仅局限于经济层面的革新，还延伸到了政策调整和体制演进以及与经济生态相互交织的非经济因素的转变。然而，审视该地区的广泛改革措施，我们发现其中存在着明显的缺陷和不均衡。尤其是，体制改革这一关键环节并未得到充分聚焦与实施，甚至在某些国家的改革蓝图

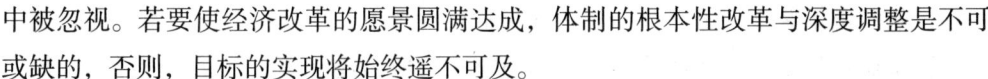

中被忽视。若要使经济改革的愿景圆满达成，体制的根本性改革与深度调整是不可或缺的，否则，目标的实现将始终遥不可及。

国际社会常常将拉丁美洲视为收入差距悬殊的代表，对该地区的不平等现象多有诟病。这片土地上的不平等问题，深受其独特历史和制度烙印的影响，然而，政府策略的天平似乎更偏向于经济政策，而对社会福利的关照略显不足。同时，新自由主义在拉美国家盛行，鼓吹经济增长自会催生社会公正。诚然，民主进程在区域内取得了显著的进展，然而，社会公正的缺失似乎并未能有效维系社会的和谐稳定。

在最近的年份里，拉丁美洲的经济增长在很大程度上受益于稳定的全球经济形势以及区域内各国推行的重要经济政策改革。然而，一个不容忽视的事实是，拉丁美洲国家在改革其收入分配框架、税收体系与社会安全网方面，面临着重重困难。特别是2013年6月，巴西爆发了涉及数百万人的街头抗议，舆论普遍解读为中产阶层的不满之声，这无疑给整个区域敲响了警钟，强调了政策调整的紧迫性。除了经济结构和制度层面的挑战，拉丁美洲还深受有组织犯罪、毒品暴力、恐怖主义威胁、治安退化、政府腐败以及行政效能低下的困扰，这些因素同样在拖累经济的前行步伐，亟待严肃对待并寻求解决方案。

综上所述，自新自由主义萌芽以来，美国与英国始终是其坚定的支柱，矢志不渝地拥护这一理念。审视两国在金融危机后的经济战略，我们看到，当经济遭受重创时，新自由主义似乎退居二线，然而当经济回暖，它又悄然占据了舞台中心。显然，新自由主义并不扮演危机应对的角色。然而，尽管如此，新自由主义并未被遗弃，因为在动荡之后，唯有它能有效地守护权贵阶层的利益。

在经济发展的道路上，德国、法国等其他先进国家并未偏离美英的脚步，选择摒弃新自由主义的指引。相反，它们试图适应本国的具体情况，对新自由主义进行调整和改良，以此开启新的探索篇章。然而，尽管努力寻求适应和创新，新自由主义的内在意蕴却限制了其正面效应。这些国家在遵循传统新自由主义框架的过程中，似乎遭遇了创新力的瓶颈，反而失去了经济发展的活力源泉。

在全球舞台上，新自由主义的理念已不再局限于思想范畴，而是作为一种治理策略，跨越国界，广泛应用于各国政策实践中。这一转变背后，发达国家扮演了关键角色，他们以资本的积累与扩张为支撑，积极推广新自由主义模式，使之成为国际舞台上的主导力量。其推行过程充满了鲜明的意识形态烙印，旨在全球范围内确立其经济主导地位。东欧、拉美与东南亚的若干发展中国家，试图仿效这一模式，期待通过新自由主义的施政手段，一跃跻身先进资本主义国家的行列，实现现代化的愿景。

在2008年那场席卷全球的金融危机中，新自由主义经济学及其在国际金融机构中倡导的经济策略受到了广泛质疑。这场危机揭示了过度崇尚市场力量,同时削弱国家经济调控作用的潜在风险,它非但不能化解所有经济挑战,反而可能孕育新的困境与危机。在饱受源自西方的新自由主义政策之苦后,亚洲、非洲与拉丁美洲国家开始踏上了一条充满挑战的"反新自由主义"改革之路,力求重塑经济秩序。

在应对"去新自由主义"所带来的结构调整时,发展中国家,尤其是非洲等基础较为脆弱的地区,政府的经济角色正遭受不同程度的削弱。在试图改革新自由主义的进程中,我们观察到,许多国家仍然沿用旧的思维,推行自由化、私有化和减小国家调控,这种方式显然对亚洲、非洲和拉丁美洲国家,特别是非洲,应对或抵抗外来压力不利。

此外,这些地区普遍饱受贫困困扰,而贫困的根源在于社会的不平等,因此,政府在促进社会公正上应扮演更重要的角色。这暗示着,对亚洲、非洲和拉丁美洲的新兴经济体而言,现有的经济发展策略和政策尚需进一步修正。尽管它们在很大程度上无法掌控自身的增长路径,但必须深思熟虑,以确定何种发展策略和政策更能契合自身国情,引领它们走向自主发展的道路。

总体来看,20世纪80年代以来,资本主义世界的主要国家在经济政策的实施上,普遍展现出了一种"新自由主义"的倾向。无论是福利国家的演进,还是左、右翼政府的交替执政,抑或第三条道路的独特尝试,这些西方国家在经济调控的道路上,无不显露出新自由主义的深刻影响。可以说,新自由主义化已然成为全球经济发展的一个显著特性。

第四章 后金融危机时代新自由主义对外战略的新变化

在全球舞台上,发达国家推行新经济秩序的一个关键途径就是所谓的现代化外交策略。这一雄心勃勃的蓝图,旨在实现全球化新自由主义的霸权,目标国家渴望将世界各地的国家塑造为与自己相似的民主国家,并促进全球经济的自由流动,构建起一个国际间联动体系。归根结底,金融危机之后,现代化外交策略的微妙重塑,本质上反映的是发达国家力图将他们的理念和信条普及到世界各地的持续努力。

在民粹主义、保护主义以及种族主义思潮的涌动中,美国和英国的执政者们对新自由主义理念进行了一定程度的调整。这些社会与政治的波澜交互影响,促使两国社会、政治、经济体制正经历着前所未有的转型,从而给全球秩序和经济进步带来了巨大的不确定性。美国政府采取了保护色彩浓厚的民族主义策略,将新自由主义的全球化理念重新诠释,如在美墨边境筑起隔离墙,对中国施加关税,频繁地挑起所谓的"经济冲突",对世界经济的稳定构成了威胁。与此同时,英国通过成功脱离欧盟等一系列反全球化举措,对全球一体化的进程和国际格局产生了深远的影响。鉴于美国和英国在新自由主义外交策略中的主导地位,本章节将特别剖析这两个国家在外交战略上新自由主义色彩的新动向。

第一节 新自由主义对外贸易政策的新变化

一、贸易保护主义抬头

在特朗普执政时期,其政策明显倾向于保护主义和就业导向的凯恩斯主义经济思想。这一倾向具体体现为推崇贸易顺差,对贸易逆差持有异议,认为逆差意味着财富流向他国,国家财富受损。同时,政府将国内持续的失业问题归咎于制造业的大规模海外转移,这种转移被认为抢夺了美国本土的就业机会,导致国内就业市场紧缩。特朗普的政策核心是以国家利益为首要考量,所有决策的制定与执行均围绕美国优先的原则展开,这种做法在某种程度上削弱了美国在全球治理中的领导角色。

(一)以惩罚性关税作为贸易保护主要手段

在竞选总统的过程中,特朗普曾明确声称,他将对来自墨西哥和中国的进口产品施加重税。一旦当选,特朗普便开始兑现诺言,于2018年3月8日正式签署了针对钢铁和铝的进口关税法规,对包括加拿大、墨西哥及欧盟在内的关键贸易伙伴施加了额外的关税,具体为25%的钢铁关税和10%的铝关税。特朗普还威胁,如果日本不开放市场,他将对日本汽车加征高达20%的关税,而目前美国对进口汽车的关税仅2.5%,其中大部分是来自日本并在美国销售。汽车产业对日本的经济具有重大意义。早前,在2018年1月22日,美国宣布对从韩国进口的商品征收保护性关税,主要针对的是洗衣机、太阳能电池及其组件,此举引发了韩国的强烈反对。尤其是中美之间的贸易谈判,已进入关键时刻,美国总统特朗普于2019年5月6日清晨出人意料地宣布,将对中国向美国出口的2000亿美元商品的关税从10%提升至25%。同时,他还预告将迅速提升其余3500亿美元中国对美出口商品的关税至25%,此举备受瞩目。

审视美国提升关税的历程揭示,其对别国施加关税并非源于详实的经济评估与数据分析,实质上是借助关税增额的震慑,推动达成对美国经济更为有利的谈判协定。这一点在中国关税问题上尤为凸显。特朗普政权的关税征收策略在美国国内引发了广泛的质疑和反对。美国税务基金会的预测数据显示,若特朗普政府执意对价值500亿美元的中国进口商品,包括洗衣机、太阳能电池板、钢铁、铝制品等实施关税提升措施,将可能致使大约4.9万个就业岗位消失。进一步地,若特朗普选择对中国额外2000亿美元的商品加征关税,失业人数恐怕将激增至25万人以上,众多企业和职位恐将撤离美国。

(二)主张国内贸易法优先于国际贸易法

在彼得·纳瓦罗担任主席的国家贸易委员会的策划下,2017年出台了一份贸易政策议程,其核心目标是确保美国在全球贸易中的优势地位。特朗普总统深感国际贸易格局失衡,外国企业通过不正当竞争、知识产权盗用、货币干预等手段,对美国经济构成了威胁。为矫正这种状况,美国政府强化了国内法规,并试图使其超越国际法规的约束,以引导贸易活动朝有利于本国的方向发展。特朗普签署了一项行政命令,强化对违反贸易关税的"双反"措施的执行,列出了明确的违规进口商名单,决心严惩任何触犯美国贸易和海关法规的行为。这个行动旨在从法律策略层面落实"美国优先"的经济政策,以期重塑国际贸易环境,使其更符合美国的经济利益。

（三）优先选择双边协定

自 2017 年 1 月 23 日特朗普总统正式就职起，美国的外交政策开始出现显著转折。当日，美国政府即公开表示其将退出跨太平洋伙伴关系协定（TPP）。此后不久的同年 9 月，特朗普政府启动了对《北美自由贸易协定》（NAFTA）的重新谈判，目标在于调整原有条款，以期能缩减美国对加拿大和墨西哥的贸易赤字。值得注意的是，2018 年 8 月 30 日，特朗普总统再次对世界贸易组织表达了强烈的不满，甚至威胁要退出这一国际组织。这些举动，特别是美国在特朗普任期内退出多个国际组织、废弃多项多边协议的行为，不仅显示了其政府与前几届政府相比更为激进的外交策略，也凸显了其外交政策中鲜明的单边主义色彩。

在多边贸易的舞台上，相较于小型经济体，大型国家在对话中自然占据上风。然而，在全球贸易的复杂网络中，各国以追求自身利益为原则协商制定规则，这使得美国在与多个国家的集体谈判中，其优势不再如在双边关系中那样显著。实际上，美国退出 TPP 等多边协议，或许并非其最终战略，而是试图将多边协商的复杂性简化为对美国更为有利的双边谈判。利用其国际地位，美国力图对伙伴施加压力，以期在未来的谈判中获取最大的利益。有学者推测，特朗普的退出决策和强硬言辞，可能反映了其谈判中的商业策略，即通过退让来制造压力，抬高要求，最终通过一系列双边会谈实现逐个攻克的目标。这也许是美国政府精心策划的"以退为进"的战术，旨在提高谈判筹码并确保最终的有利结果。

二、国际贸易冲突不断

自特朗普政权点燃了对华贸易冲突的烽火，美国社会对政府的质疑与责难之声不绝于耳。这种无视国际法度、冲击全球贸易秩序的激进姿态，无疑引发了广泛的反感与预见中的挫败。在经济全球化的浪潮中，多数商品的诞生源于跨国产业链的精密协作，针对"中国制造"的关税壁垒无疑会牵连并伤害到所有相关利益方，其中包括众多在华运营的美企。增高的关税压力将抬高美国制造业的成本，动摇既有的供应链稳定，进而削弱美国制造业在国际市场上的出口竞争力。因此，随着对华贸易战的烈度升级，美国企业界的反对之声犹如海啸般汹涌。

在全球化的浪潮中，尤其是在 2018 年 8 月的那个关键时刻，一场涉及 2000 亿美元中国商品关税的听证会引起了国际工商界的广泛关注。超过 300 位来自四面八方的代表汇聚一堂，他们中的大部分在发言中都表达了对关税提升的深切忧虑，希望可以避免这一商业冲突的升级。这份关税清单涵盖了广泛的领域，从日常的食品、家具家电，到高科技的电脑、自行车，再到衣物、旅行用品和各类消费品，影响深远。这使得社会各界对中美贸易紧张关系的担忧日益加剧，普遍反对贸易战的加剧。现代经济的紧密联系使得全球许多产品的生产链都依赖于各国的合作，大部分美国商家深知，政治的干涉对企业和经济来说，犹如一把双刃剑。中国以其低廉的生产成本和开放的市场环境，逐渐在亚洲乃至全球的制造业体系中占据重要地位，许多美国企业对中国制造的依赖度不言而喻。因此，我们见证了美国商界对中美贸易摩擦的抵制情绪日益增强。

在过去的几十年中，中美两国的经贸纽带扮演着关键角色，如同稳定器和催化剂，推动着两国关系的和谐发展。这种紧密的经济合作，建立在共享利益和相互依赖的基础上，为双方的合作与和谐相处提供了坚实的基石。① 然而，自特朗普执政以来，一种新的外交思维开始主导美国的决策，他提倡以竞争为导向，将"美国优先"奉为圭臬。他尤为关注国家的经济福祉，采取了以民粹主义为导向的经济策略，着重倡导公平贸易，主张保护本国的相对利益。特别是，他将焦点放在了中美贸易不平衡问题上，频繁指出中国所面临的贸易顺差。

第二节 新自由主义外交政策上的新变化

新自由主义是一种以个人主义为核心的意识形态，特别重视不可剥夺的权利的概念。新自由主义认为，每个人都被视为生来即享有同等权利的地球居民，这种对权利的深切关注构成了新思维流派的普遍根基。正是这种对权利的共识，激发了自由国度推行雄心外交的不竭动力。

一、美国调整对外战略重心

自美国建国以来，其总统的外交策略始终交织着理想主义与现实主义的元素。无论是国内还是国外政策，每一任领导人都以维护国家身份和利益为核心，展现出一种连贯性。然而，这些政策也在不断演变，反映出国际环境的变迁以及领导者对国家角色和利益的不同解读。特别是在金融危机之后，奥巴马政府对外交方针的调整，体现了对自由主义霸权秩序的坚信，他们认为，只有全球范围内自由开放、民主人权的价值得到传播，美国的繁荣与和平才能得以维系。然而，特朗普政府的外交政策则呈现与前布什政府新保守主义主导的"实力原则"的相似性，但其重点转向了对自由主义核心理念在外交政策中嵌入不足的修正。特朗普采取了一种混合了

---

① 李克强:《中美经贸合作是双边关系的压舱石和推进器》，《新华日报》2019年11月12日。

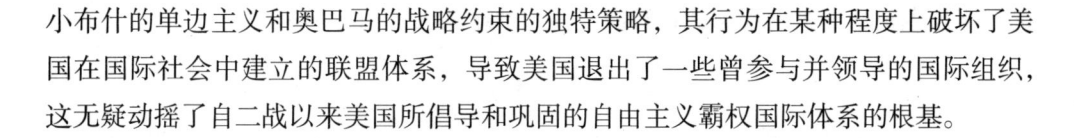

第四章 后金融危机时代新自由主义对外战略的新变化

小布什的单边主义和奥巴马的战略约束的独特策略，其行为在某种程度上破坏了美国在国际社会中建立的联盟体系，导致美国退出了一些曾参与并领导的国际组织，这无疑动摇了自二战以来美国所倡导和巩固的自由主义霸权国际体系的根基。

(一) 奥巴马政府调整美国战略重心

自冷战落下帷幕后，美国已在四个支柱领域，即军事、经济、科技与文化领域，确立了其全球主导地位。在军事领域，美国的影响力无处不在，它几乎垄断了全球主要的海洋航道，足迹遍布世界各地的关键地缘政治区域，盟友网络遍布全球，其军事实力堪称世界顶尖，全球影响力急剧攀升。而在经济方面，美国的国内生产总值傲视全球，持续多年稳居榜首，遥遥领先于其他国家。

尽管近年来有所下滑，美国的经济份额始终维持在世界GDP的大约25%。在科技的前沿，特别是在关键的经济推动力和军事优势的塑造上，美国始终屹立不倒，其在先进技术革新方面的实力无人能敌。在文化与教育的领域，美国的影响无远弗届，尤其在年轻人中，其文化影响力独领风骚。全球顶尖的学术机构中，美国的院校占据显著地位。这些成就共同构筑了美国独一无二的政治影响力，使其在全球舞台上独树一帜。[1]这四个领域的综合优势，使美国成为一个全方位的、全球性的超级大国，其地位无可匹敌。因此，自冷战结束后，美国的全球战略核心目标就是维持其作为世界唯一超级大国的霸权地位。

随着冷战的落幕，美国的全球主导地位遭遇了非传统安全威胁的严峻挑战，特别是恐怖主义的悄然崛起。"9·11"恐怖袭击事件犹如一声警钟，将美国本土安全置于极度危险之中，使其将恐怖主义视为国家安全的首要威胁。

在2009年接掌白宫后，奥巴马总统立即着手调整美国的外交政策，旨在扭转前总统布什任内以反恐为中心的安全策略所带来的负面影响。他的愿景是，将反恐行动融入更广阔的国家安全和外交战略中，同时重新确立美国在全球经济危机中的领导地位，遏制新兴大国的崛起势头。[2]这一战略转变在2011年6月发布的《国家反恐战略》中得到了明确体现，该战略声明，美国不希望反恐战争成为民众生活的主导，亦不愿因之牺牲国家更普遍的利益。

在彼时奥巴马执政的尾声，中国已被美国视为具有影响力的战略对弈者，其视线聚焦于中国整体实力的稳步提升以及外交策略在邻近地域的微妙转向。为应对这个日益壮大的势力，2012年，奥巴马政府提出了"亚太再配置策略"，这标志着美国

---

[1] 兹比格纽·布热津斯基：《大棋局：美国的首要地位及其地缘战略》，中国国际问题研究所译，上海：上海人民出版社，2007年版，第21页。
[2] 刘中民：《奥巴马政府中东反恐政策述评》，《国际观察》2013年，第4期。

的战略焦点正从中东的反恐战役转向了亚太地区的大国博弈。

(二)特朗普政府重新界定"威胁"与"利益"

自2008年全球经济动荡以来,美国经济的内在缺陷和金融体系的过度膨胀以及实体经济的衰退,问题日渐凸显。尽管美国联邦政府实施了一系列的经济复苏计划,为国家经济注入活力,然而,这波危机无疑在某种程度上削弱了美国的全球领导地位。与此同时,以中国为代表的新兴市场国家在后金融危机时期展现出显著的增长势头,开始崭露头角。印度、巴西、俄罗斯等国在经济与军事力量上迅速增强,与美国的差距逐渐缩小,特别是中国的飞速发展,尤为世界瞩目。

后金融危机时代,中国在全球舞台上的影响力日益增强,特别是在经济、军事和科技领域,与美国的差距正在迅速缩小。经济层面,中国在2010年超越日本,跃升为世界第二大经济体,且在制造业领域超越美国,成为全球生产中心。

军事实力上,中国的科技发展和军费投入大幅增长,逐渐逼近美国。根据瑞典斯德哥尔摩国际和平研究所的数据,2006年,中国的军费为926亿美元,仅占美国6206亿美元的15%;到2016年,中国军费激增至2257亿美元,相当于美国6062亿美元的37%,两国在军事实力上的差距明显收窄。在科技创新的赛道上,中国对高科技研发的投入不断增加,信息化和网络化水平与美国的距离日渐缩小。

值得注意的是,美国并非绝对的衰落,而是相对的衰退,其整体实力仍在增长,只是中国的发展速度超过了美国,因此两国实力间的差距在不断缩窄。[①]以中国为代表的新兴大国的崛起,正在对美国的全球霸权地位构成严峻的挑战。

相较于恐怖主义对国家安全的短期威胁,美国政府认为中国和俄罗斯带来的挑战更侧重于对既有全球体系的质疑,尤其是对美国所主导的国际格局。这一体系以往是依托于美国的全球领导力,而如今的挑战实质上是对美国在国际舞台霸主地位的冲击。在对待这两个国家的策略上,美国采取了有区别的手段。在战略精英圈内,普遍的看法是,中国不仅在地缘政治上构成威胁,更为深远的是,它在全方位上与美国形成了竞争态势[②]。

在2017年12月,特朗普政府发布了任内首份《国家安全战略报告》。该文件强调,当今世界大国间的竞争是国家安全的主要考量,而美国在全球的主要对手分别位于欧洲的俄罗斯和亚洲的中国。其中,中国被确认为对美国构成长期全球竞争的关键角色。这份报告中,中国被提及超过30次,被描述为"修正主义力量"和"竞

---

① 阎学通:《世界权力的转移:政治领导与战略竞争》,北京:北京大学出版社,2015年版,第69页。
② 杨卫东:《国际关系失序化与中国的战略思考》,《现代国际关系》2017年第6期。

第四章 后金融危机时代新自由主义对外战略的新变化

争者"①,其经济联系、地区影响力以及意识形态均遭到了批评。

(三)美国新自由主义霸权战略的持续推进

自冷战落幕以来,一种以美国为中心的自由主义全球主导策略开始在克林顿、布什和奥巴马的治下显现,成为他们外交政策的主轴。这种策略倚仗美国在所谓"单极世界"中的强大实力,力图将美式自由民主推向全球。尽管特朗普总统的执政已届两载,但他的外交手段并未远离自由主义霸权的框架。他正在寻求在推广自由主义理念与保持霸权地位之间找到更微妙的平衡。特朗普时代的美国外交,霸权色彩依然浓烈,其政策倾向于首先保护和维护美国的领导地位,这一特点体现在对经济安全的强调、对公平贸易的倡导以及对海外军事存在的适度收缩,这些都是为了确保美国霸权的稳固。

在国际舞台上,特朗普的施政举措被解读为对传统新自由主义霸权的一种调整,而这种霸权长久以来深深扎根于美国的国家策略之中。实际上,我们目睹的并非新自由主义霸权的全面消逝,而是其某些标志性特征的演变。尽管如此,美国所推行的新自由主义控制策略的核心影响力,将继续深远地塑造其对外关系的决策根基。

在经济领域,特朗普执政时期的政策导向与传统共和党提倡的自由交易理念有所偏离,他采取了更具保护主义色彩的策略,以博取党内经济民族主义力量的青睐。为此,政府采取了一系列措施,包括大幅度减税和放宽金融监管,这些动作旨在协调内部保守力量的诉求。因此,特朗普政府的国内与外交政策,反映了新自由主义与其他思潮的交融与妥协。他尝试着在维护市场自由主义基本原则的同时,融入极端民族主义民粹元素,旨在在美国经济的持续扩张中,抵御全球化深入带来的潜在冲击。这样,他部分地重塑了新自由主义的全球化框架,将其与极端民族主义、民粹主义混合在一起,目标是确保美国经济在自由发展的同时,能够抵御全球一体化带来的潜在风险。

在全球化经济的脉络中,世界秩序的新自由主义特征并非纯然的平等自由主义,亦非纯粹的等级自由主义,因此,这种自由主义模式往往被标榜为"新自由主义霸权"或者"自由主义主导的秩序"②。换言之,这里的"自由主义"与"霸权主义"并非水火不容,反而共生共存。在它们的互动关系中,看似表象的"自由主义"实则掩盖了内在的"霸权主义"实质。因此,一旦西方主导国家的"霸权"地位受到挑战,他们便能轻易地调整"自由主义"的外衣。遵循这种霸权的内在逻辑,西方霸权国家会

---

① Aaron Mehta, "*National Defense Strategy Released with Clear Priority: Stay a head of Russia and China*", Defense News, January 19.2018.
② 戴维·哈维:《新帝国主义》,付克新译,北京:中国人民大学出版社,2019年版。

竭力保护那些关乎基础、战略和前沿的产业，比如农业、军事科技以及尖端技术，而那些已经饱和或衰退的产业，比如汽车和家电等消费品制造业，则会被开放竞争。

总的来说，美国的民粹主义政治浪潮显著地影响了特朗普政府时期的外交方针，这一政策调整在学术界被广泛视为对二战后美国所坚守的联盟基础、国际秩序和自由主义原则的深刻背离。这种政策的演化，正是由国内高涨的民粹思潮所驱动，它挑战了长久以来美国在全球舞台上的角色与责任。

二、英国"脱欧"成为现实

英国是传统的新自由主义国家。随着新自由主义蔓延至欧洲大陆，成立欧盟、以区域一体化推动全球化成为欧洲大陆各国的共识。但是新自由主义的发展给欧盟带来了重大危机，英国开始了艰难的"脱欧"之旅，"脱欧"最终成为现实。英国"脱欧"源于新自由主义的失败实践，是试图回归国家主义以摆脱区域一体化束缚的尝试，表达了英国对现存新自由主义欧洲格局的强烈不满，表明欧洲新自由主义秩序陷入重大危机。英国"脱欧"是欧洲新自由主义史上的重大转折点。随着英欧关系的失衡，新自由主义全球化的主导力量由过去的区域一体化回归到了国家实体，"脱欧"后的英国将以更加自由的姿态参与国际经济往来之中，甚至可能走向更极端的新自由主义。

（一）英国的新自由主义传统与新自由主义下的欧洲一体化进程

新自由主义是英国现代政治思想的主要流派，起源于亚当·斯密的英国古典政治经济学思想，经20世纪30年代的伦敦学派得以迅速发展，后又被1979年上台的撒切尔政府加以广泛实践，使之在英国经济政治政策中起主导作用。作为一种经济自由主义的复苏形式，新自由主义被广泛接纳，蔓延至欧洲大陆，自19世纪70年代以来在欧洲各主要国家的对外战略上扮演着越来越重要的角色。

新自由主义思潮在欧洲其他国家政党中不断蔓延表明，新自由主义作为一种政治话语已通过制度化的方式渗入欧洲的国内政治和欧盟制度。欧洲主要国家开始进行新自由主义体制改革以来，愈发强调要开放国际市场，深化国际分工与合作，发展全球自由贸易。二战后，出于抗衡苏联威胁、消除战争隐患以及联合自强等现实考虑，欧洲开始了一体化实践。在新自由主义的背景下，通过区域一体化来推动全球一体化，成为主要资本主义大国的共识，英国顺势加入了欧盟组织。

1993年11月1日，欧盟正式成立，标志着欧洲由区域一体化组织开始向联邦化方向发展。1999年，作为经济一体化象征的欧元问世，2002年1月1日，欧元正式启用。随着欧盟6次大规模扩张，27个成员国已经成为拥有5亿多人口，总面积

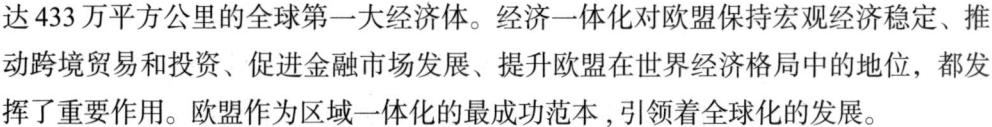

达433万平方公里的全球第一大经济体。经济一体化对欧盟保持宏观经济稳定、推动跨境贸易和投资、促进金融市场发展、提升欧盟在世界经济格局中的地位,都发挥了重要作用。欧盟作为区域一体化的最成功范本,引领着全球化的发展。

(二) 英国"脱欧"缘于欧洲新自由主义出现重大危机

欧盟一体化进程并非一帆风顺,英国与欧盟的关系也不是十分融洽。事实上,英国基于光荣孤立的传统,从加入欧盟开始就十分犹豫,后来在欧洲一体化进程中也一直"貌合神离",甚至有时会扮演阻碍一体化进程的角色。尤其是近年来,新自由主义引发的金融和债务双重危机使得英国与欧洲大陆间矛盾明显上升,多年来的新自由主义实践使得欧盟内部不均衡拉大,欧盟成员身份也使得英国民主体制遭受冲击。英国作为曾经全球化的积极倡导者转而脱离欧盟,在一定程度上体现了英国民众对近几十年来新自由主义造成的经济、政治和社会不平等加剧的不满,对以紧缩为主基调化解欧债危机造成社会分化的抗议。英国"脱欧"事件将新自由主义问题突显了出来。

首先,新自由主义引发欧洲金融和债务双重危机。2008年美国次贷危机席卷全球,最终演变为全球性金融危机。此次金融危机对欧洲经济、政治和社会各个领域均造成严重冲击,是欧盟成立以来遭遇到的经济衰退程度最深、持续时间最长、影响范围最广、破坏程度最大的一场经济和金融危机。从2008年第二季度到2009年第二季度,欧盟和欧元区经济连续5个季度负增长,经济收缩幅度均在4%以上,许多经济指标回到10年前的水平。为应对金融危机,欧盟及各成员国政府被迫实施了规模空前的金融救助和经济刺激计划,总支出规模相当于欧盟GDP的5%左右。

经过一系列超宽松的货币政策和扩张性财政政策,欧洲经济开始艰难复苏。然而由于欧盟财政透支和微观经济增长乏力,债务问题又接踵而至,欧盟随之陷入了主权债务危机与经济低迷的旋涡中。从2009年10月希腊爆发债务危机以来,爱尔兰、葡萄牙、意大利、西班牙、法国等国相继卷入债务危机之中,债务危机呈现由点到面、由局部到整体、由边缘小国到核心大国不断深化和蔓延的态势,整个欧盟都深受债务危机的困扰。

国际金融危机与欧洲主权债务危机存在着密切的内在联系。英国《金融时报》主编马丁·沃尔夫认为,欧洲主权债务危机是2008年国际金融危机带来的衰退的延续,债务危机是金融危机在货币一体化条件下的结果。[①] 受金融危机和债务危机的双重打击,欧盟一体化结构岌岌可危,英国与欧洲大陆渐行渐远。尤其是欧债危机爆

---

① 马丁·沃尔夫:《美欧经济"第二次大收缩"》,《金融时报》2011年9月2日。

发以来,法国和德国对欧盟的主导性显现了出来,而英国在欧债危机中却将自己置身事外,其处境与地位都很尴尬,并且逐渐被欧盟区域内的其他大国排挤、边缘化。

其次,新自由主义造成欧盟内部分化和不平等加剧。新自由主义之下的欧盟内部经济发展极为不平衡。欧洲西北部地区经济发达,而东欧南欧经济发展则相对滞后。对发达的英国而言,虽然欧盟提供了诸多优惠政策,但是英国要承担的责任和义务也相对较大,比如要承担高昂的欧盟会费。而新自由主义进一步加剧了欧盟内部的发展不平衡问题。追求经济增长是新自由主义经济政策的首要目标。新自由主义的全球化逻辑即无止境地追求高利润,并且必要时可以以牺牲公平和平等为代价,造成的结果就是灾难性的贫困增加和严重的两极分化。随着新自由主义造成的全球发展不均衡加剧,在国际上引发了一系列严重危机,如民主政治问题、经济发展模式问题、多元文化问题等,这些问题也深刻地冲击着新自由主义制度和体制模式。

不可否认,新自由主义带动了金融化与技术变革的全球推进,一定程度上促进了生产力的发展,但是却使社会愈发形成了鲜明的两极"分层"。[①]从上层来看,金融化的日趋成熟促使上层精英群体获得高额的金融收入,并借助信息技术的变革和全球化的推进,从全球市场中获利。而从底层来看,由于知识水平以及技术能力低下,不仅在一国之内被精英群体所压榨,也在一体化区域内日益沦为社会的边缘群体,并且还要受到外来移民的冲击和进一步掠夺。金融危机之后以英国为代表的新自由主义国家恰好反映出"新自由主义转向在某种程度上与经济精英力量的恢复或重建密切相关"。[②]由于财富分配不公,欧盟内部富人与穷人的对立越来越尖锐。内部分化导致国家、地区的动荡和冲突不断,移民问题使欧盟内部的分化雪上加霜。

最后,民众对新自由主义的逻辑和价值观失去信心。在欧盟内部,作为应对危机和社会冲突的唯一解决方案,新自由主义已经通过制度化的方式渗入到了欧盟各国的决策机制中,主流政党失去了选择,民主也失去了意义,民众也有了对既有秩序的失望乃至寻求新的带有颠覆性的替代力量和政治议程的渴望。因为当新自由主义成为政治统治的工具,就被镶嵌在英国的国家治理机制中,成为政党执政的逻辑,这意味着新自由主义作为主流意识形态开始发挥作用,中下层民众的意见很难有有效表达的途径,民主制度逐渐被侵蚀。

自撒切尔执政以来,新自由主义的标志就是"削减"和"私有化"。而英国民众对政府削减医疗保健支出和公共福利、冻结公共部门工资感到失望和愤怒。《英国医学杂志》指出,仅在英格兰,紧缩政策就导致了12万多例额外死亡,而英国最大的

[①] 米歇尔·于松:《资本主义十讲》,潘革平译,北京:社会科学文献出版社,2013年版,第56页。
[②] 戴维·哈维:《新自由主义简史》,王钦译,上海:上海译文出版社,2010年版,第22页。

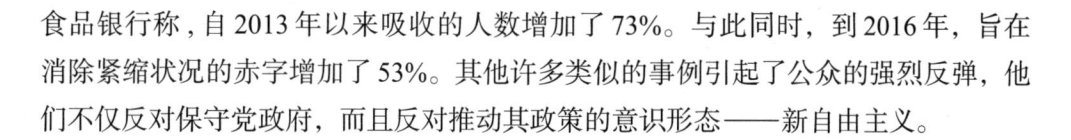

食品银行称,自 2013 年以来吸收的人数增加了 73%。与此同时,到 2016 年,旨在消除紧缩状况的赤字增加了 53%。其他许多类似的事例引起了公众的强烈反弹,他们不仅反对保守党政府,而且反对推动其政策的意识形态——新自由主义。

(三)英国"脱欧"对欧洲新自由主义的挑战

英国"脱欧"成为现实,欧洲新自由主义由此陷入了严重危机,但是摒弃新自由主义仍是遥不可及的。后"脱欧"时代,随着英欧关系出现大变革,欧洲大陆的新自由主义秩序开始失衡。过去由区域一体化主导的新自由主义全球化中,国家的意志被弱化,但是随着英国与欧盟的逐渐脱离,英国或将以更加自由的身份参与全球经济贸易往来,新自由主义之后可能是更极端的新自由主义。

1.欧洲大陆新自由主义秩序的失衡

英国历史性地退出欧盟,直接导致了英欧关系变革,对英欧日后的经贸往来是重大考验。虽然英国强调,"脱欧"后,欧盟仍是英国主要的经贸合作伙伴,但过去长达三年之久的"脱欧"过程毫无疑问已经逐渐瓦解了英欧双方之间的信任和友好关系。按照谈判双方的约定,"脱欧"后英国与欧盟随即进入过渡期。在过渡期内,一方面,即使没有了欧盟成员国的身份,英国仍应遵守欧盟规则,按照现有规则进行贸易往来和人员流动,并按期缴纳欧盟预算费用;另一方面,根据此间谈判双方的约定,在过渡期内,英欧双方将继续就贸易、金融、渔业、航空业、医药业和国土安全等方面进行漫长而艰难的谈判。未来英欧关系的走向以及英欧合作的深度和广度很大程度上仍取决于谈判的结果。

对欧盟而言,"脱欧"对欧盟以及欧洲一体化进程而言是一个不小的打击。在欧盟内部,英国是紧随德国之后的第二大经济体,又是联合国安理会常任理事国,无论是在经济上还是政治上,其国际影响力都不容小觑。英国的退出,使欧盟失去了一员猛将,同时多了一个对手,无疑会削弱欧盟在国际上的影响力。另外,英国的退出也给欧盟其他国家带来了负面效应,使本来就"貌合神离"的欧盟组织更加缺乏凝聚力,其他国家一旦效仿,欧盟将分崩离析。

对英国而言,"公投结果对英国的影响最为直接,不仅为英国经济带来一段时间的不确定性,也会加剧国内政治的碎片化"[1]。"脱欧"后的英国也面临艰难的过渡期,除了调整与欧盟的关系,英国自身也急需重振经济、解决内患、提升国际地位。"脱欧"最直接的影响就是英国不再受欧盟规则体系的束缚,英国未来将以更加独立的角色面对欧盟组织和全球市场。

---

[1] 金玲:《英国脱欧:原因、影响及走向》,《国际问题研究》2016 年第 4 期。

2. 逆全球化中"国家主义"的强势回归

英国"脱欧"可以说是一个"逆全球化"的现象,改变了过去新自由主义史上以区域一体化推动全球化的逻辑。过去,区域一体化作为实现全球化的最主要途径之一,在使各个民族、各个国家越来越成为一个整体的同时,也失去了各个国家作为独立主体的经济贸易、政治往来的自由。被束缚在区域一体化的规则和高压之下,新自由主义国家必然要冲破这些束缚,在新自由主义逻辑之下实现新的发展。

从世界历史的角度来看,经济全球化是人类社会发展的一个客观规律和必然趋势。但经济全球化并不意味着全球经济、政治、文化一体化甚至同一化,经济全球化也并不排斥和否定全球政治、经济和文化发展途径的多元化。新自由主义并不是一般地鼓吹经济全球化,而是着力强调要推行以超级大国为主导的全球经济、政治、文化一体化,即全球资本主义化。

新自由主义普遍衰败之下,普通民众已不再相信精英们所鼓吹的"开放自由的经济增长可以自然让每个人都从中获益",全球化、一体化对他们已经不再有吸引力,他们转而依赖"民族国家"[①],"国家主义"开始回归。英国民众希望英国脱离了欧盟的束缚之后可以再次成为创新国家,"随时准备带领世界进入第四次工业革命"。可见,在全球化的推进过程中,"国家"的概念伴随着区域一体化的弱化而回归到强势地位。

英国"脱欧"派主张"脱欧"的一个重要理由,是欧盟组织限制了英国的国家自主性,这有违英国作为一个独立国家的国家利益和国际地位。实际上,在"脱欧"公投之后不久,英国就在外交上制定了名为"全球英国"的外交政策,试图增加国家自主性,回归"国家主义",实现英国与国际上各主要国家的单边外交关系,尤其是英美特殊关系以及与中国等新兴经济体的经贸关系。不同于作为"欧盟"会员国的一员,脱离欧盟的英国开始将外交眼光从欧洲大陆放眼到更广阔的新兴经济体。摆脱了欧盟束缚的英国,其国家利益不再受区域共同体利益的压制和侵占,更灵活的外交战略和外贸政策将陆续推出,国家作为国际社会最重要的主体将发挥更大的作用。

3. 新自由主义之后是更极端的新自由主义

英国成功地脱离欧盟,震惊了全球,被视作是全球化进程的逆转。然而,全球化并不只限于区域联合这一单一路径,国家同样在其中扮演着举足轻重的角色。在"脱欧"公投的关键时刻,英国政府对其国际地位的考量是,英国不会回归到过去那种以自身利益和价值为主导的孤立状态,而是要以一个"全球化的英国"身份在全球舞台上崭露头角。前任首相特蕾莎·梅屡次申明,脱离欧盟能让英国挣脱单一市

---

① 潘勇:《西方正在吞咽新自由主义苦果》,《环球时报》2016年12月16日。

场模式的限制，从而以更自主的身份在更广泛的国际舞台上深化与欧洲以外国家的互动与协作，进一步拓展市场并积极参与全球贸易。

从全球视野来看，英国的"脱欧"决定无疑对新自由主义体制构成了显著的挑战，这一点在公投结果公布后股市的剧烈波动中已有所体现，预示着英国可能对未来的政策方向进行调整。然而，这何尝不是一个推动双方进行新自由主义改革和转型的转折点呢？保守党和独立党的"脱欧"支持者之所以对欧盟感到不满，是因为他们渴望实施比欧盟现行政策更为激进的新自由主义措施，比如削减劳工福利、移民福利以及儿童福利等。英国脱离欧盟，表面上看似是对新自由主义的背离，实则不然。在脱离欧盟后寻求经济复苏的英国，首要任务是强化市场自由、推动私有化、降低税收，同时削减政府开销和社会福利。对英国社会内部来说，控制外来移民，尤其是来自欧盟国家的工人，可能需要减少他们享受的福利，以保护国内，尤其是资本家阶层的利益。

资本主义体系中，新自由主义的理念被视为富人和资本的忠实拥护者。遵循其固有的经济规则，诸如自由市场、自由流通和私有产权的强化，只会加剧而非减轻社会不平等，这一点在英国决定退出欧盟后显得尤为明显。其背后的驱动力源自资本主义对利润的不懈追逐，这导致了一个不可避免的趋势——万物趋向商品化。资本的本质特性是逐利，尤其是金融市场的蓬勃壮大，为资本的流动和扩张提供了广阔的舞台，这无疑证实了新自由主义倡导的"资本自由"是资本的本性使然。最关键的是，只要资本主义的根基稳固，它的代表——资产阶级的利益，就会被持续地维护，"私有化"的根基将坚定不移。因此，新自由主义的道路本质上是资本主义内在规律的自然延伸。所以，新自由主义的脚步只会向前，或许以更极端的形式继续，新自由主义后，可能还是新自由主义。

三、新自由主义全球化议程被改写

在后金融危机时代，资本主义体系目睹了一种新型经济秩序的演变，它被定义为"非对称的全球一体化"[1]。这种模式揭示了各国在迈向全球经济一体化的旅程中，采取了各有深浅的开放策略。在这样的背景下，相似发展阶段和技术能力的国家与行业，倾向于维持一定程度的保护主义，选择一种较为保守的"浅层全球一体化"。相反，那些发展滞后、技术基础薄弱的国家和产业，则寻求更深层次的经济融合，以期通过紧密的国际贸易关系来缩小差距。这种不均衡的全球一体化并非新鲜事，历史上，包括英国、美国和德国在内的大国，在其经济崛起的过程中，都曾采用过

---

[1] 约翰·米尔斯海默：《大幻想：自由主义之梦与国际现实》，李泽译，上海：上海人民出版社，2019年版。

类似的做法。①以美国为例，其正在经历的新自由主义对外战略的转型，无疑正在重新定义新自由主义全球化的议程轮廓。

首先，在全球舞台上，特朗普政府以其鲜明的"美国优先"经济策略，对以新自由主义为基础的"华盛顿共识"构成了显著的挑战。"华盛顿共识"曾以其所推广的"美国梦"为世界各国描绘了一幅民主社会的繁荣景象，它鼓励各国借鉴美国模式，从全球化带来的廉价劳动力中发掘利益。然而，随着世界贸易格局悄然向东亚倾斜，美国在无尽的全球化扩张中发现，曾经唾手可得的高额回报正在逐渐缩水。因此，特朗普执政期间，美国承诺了一个战略性的转变，即逐步退出多元化的国际组织和协议，停止无条件地为全球提供公共产品。这些举措旨在将国家的宝贵资源重新导向国内，推动一场从"全球制造"到"国内制造"的深刻转型，确保美国的经济力量聚焦于国内振兴。

其次，在特朗普执政时期，国际社会观察到新自由主义治理模式的某些原则出现了逆转。面对国际关系的多元化挑战，美国政府在特朗普的领导下，采取了一系列以国家利益为核心的民族主义策略，对多边合作和国际共识构成了冲击。例如，特朗普甫一就任，便迅速采取行动，退出了一系列国际组织、机制和协作协定，认为它们对美国的主权和行动自由造成了束缚。其中，最引人注目的举动包括于2017年1月宣布退出跨太平洋伙伴关系协定（TPP），同年6月退出联合国气候变迁《巴黎协定》，10月退出联合国教育、科学及文化组织（UNESCO），12月拒绝参与联合国主导的《全球移民协议》的制定，理由是这会损害美国的国家自主权。此外，特朗普政府还在2018年5月宣布退出伊朗核协议，并在同年10月退出《中程导弹条约》。尽管新自由主义的影响力未曾完全消失，但它正经历着转型，逐步转向更加分散的区域性和本土化体系，呈现从全球性的多边自由贸易转向侧重双边贸易的态势。

最后，自特朗普执政以来，新自由主义国际秩序所推崇的价值观遭受到了严重的漠视。他不认可美国应对其他国家所遵循的特定国际规则承担特殊的道德义务。在他看来，美国的国家利益并不紧密关联于其他国家是否实行民主制度或保障人权。特朗普倾向于将全球各国区分为两类：那些对美国构成经济利益损失的国家以及美国从中获利的国家。对那些他认定为"剥削美国"的国家，无论其是否为盟友，无论是否民主，他都坚决反对。且他并不力图维持美国在全球的广泛参与度，也不倾向于维持相对自由的贸易体系。

值得注意的是，尽管特朗普执政时期采取了一系列的退出协议和强化贸易壁垒的举措，这在很大程度上反映出对全球化的逆反，但这并不意味着美国会彻底告别

---

① 贾根良：《不对称全球化：历史、理论与当代中国》，《企业家日报》2019年1月7日。

全球舞台。美国并未打算舍弃全球化带来的利益，也无意放弃其全球领导者的地位，因此，对支撑全球化和领导地位的新自由主义理念，美国并未打算弃之不顾。特朗普政府以一种"商业精明"的角度考量全球化对美国的效益，他们坚信美国在维护全球秩序上作出了大量的贡献，驱动了全球化进展，却未在经济全球化中得到相应的回报。因此，特朗普政府的反全球化行动，实际上是打算舍弃在多边合作中日益失去优势的局面，转而寻求在双边贸易谈判中发挥美国的相对优势，以期在全球贸易中获取更大的利益。显然，这并非背离新自由主义，而是试图让自由贸易在国际市场上更加符合美国的利益需求。尽管这种追求美国利益的方式将自由市场从全球范围转向了局部区域，但美国仍然依赖开放市场来实现其目标。因此，尽管美国对新自由主义推动的全球化某些主张进行了调整，但这些调整仍处在新自由主义的宏大理念框架之内。

透过上述分析，显而易见的是，英美两国在近年来的新自由主义导向的对外经济政策上，正经历着日益显著的转型。这一变革的显著特征主要体现在如下几个维度：第一，全球化的新自由主义理念正遭受背离。美国的接连"退群"以及英国成功"脱欧"，昭示着这两个新自由主义的"领头羊"，正在从曾经的全球一体化和国际合作的推崇者，转变为国际舞台上的区域主义与保护主义的鼓吹者。这体现在他们对多边贸易体制的质疑，对国际合作与开放经济体系的冷漠以及对国际组织和全球治理的不信任。这种转变揭示了新自由主义理论内在的冲突与不完整性。尽管新自由主义曾推动了全球化的进程，却未能妥善解决全球化衍生的挑战。美国和英国在全球化进程中的困境，实际上折射出新自由主义理论体系自身的局限和困境。

第二，近年来的种种迹象表明，新自由主义的发展正面临严峻挑战，中国的多维度应对策略正是这一困境的反映。以美国为例，从对中兴和华为的技术限制，到在国际贸易中挥舞关税大棒，再到在南海的军事挑衅，甚至在全球公共卫生事件初期对中国肆意诋毁，这些动作已经超越了单纯经济竞争的范畴，揭示出美国对华战略的全面压制。这种不惜代价的行为，实际上是国家权力争夺的升级，而非简单的经济利益角逐。这反映出新自由主义国家内部的不安全感，源于其制度基础的不稳固以及对外战略的失效。这无疑预示着新自由主义发展正步入一个瓶颈阶段，其原有的理念和实践已无法满足现今国家的需求。

第三，全球秩序的动态平衡正在经历一场根本性的转变，其中新自由主义的影响力正遭遇前所未有的挑战。这一变革并非孤立的事件，而是对前两种趋势的深刻反思和理论概括。自20世纪80年代起，尤其是苏联剧变后的90年代，美国力图构建一种以新自由主义为基础的全球经济体系和政治架构。按照这一叙事，全球的资源流动与国家间的经济依存加深，促成了国际合作的深化和政治理念的趋同。这使得资本的力量得以跨越国界,孕育出了一个掌控国际舞台的"全球资产阶级",推动了全球资本主义的形成。然而,新自由主义的实践并未完全兑现其承诺,反而在资本主义的核心国家内部,出现了对现有国际秩序的质疑和背离。仅从过去十年美国的对外经济政策中,我们就能瞥见这种趋势:如果没有科技的重大革新,美国回归早期自由主义秩序的可能性微乎其微。这一转变无疑将对全球的经济格局和政治生态带来深远影响。

自从特朗普执政以来,美国的对外经济策略经历了一系列显著的转折,起先这些变化常被归咎于特朗普的个性特征。然而,观察现今对华政策的走向,美国两党似乎在对抗和抑制中国崛起的问题上取得了基本的一致。因此,无论总统职位或执政党如何更替,美国的对外经济政策料想不会有根本性的转变。当初中国加入世界贸易组织(WTO)时,美国曾预期中国会在新自由主义的全面洗礼下演变,先是经济,再是政治、文化和意识形态。美国计划通过新自由主义的实践,将中国塑造成其自由霸权体系中一个实力虽弱但关键的附庸国,主要提供原材料和低廉劳动力。然而,过去近20年,中国并未如美国所愿,美国初期构建自由霸权体系的尝试也宣告落空。因此,短期内,美国的对外经济政策不太可能重返新自由主义主导的时代,美国引领的全球新自由主义秩序正面临严峻的挑战。

显然,在全球化的浪潮中,新自由主义的面具下隐藏着明显的虚伪与欺骗。它并非一视同仁地适用于所有国家,而是以双重标准区分发达国家与发展中国家的待遇。实际上,西方国家在本国并未全面推行新自由主义,而是在权衡国家利益的前提下,灵活地选择与妥协。他们口中的"自由",实则是为了巩固和扩大自身优势,维持权力的主导地位以及操控国际规则的工具,而非以牺牲他国利益、践踏他国主权或违背承诺为代价。以美国为例,它在国内倡导民主与自由的同时,却在国际舞台上推行霸权和强权政治,试图分化并西方化社会主义国家,推行的是弱肉强食的生存法则,而非真正的国际合作与共识。

第五章　科学认识后金融危机时代新自由主义的新变化

在金融危机的余波中,新自由主义之所以能够持续壮大,关键在于它与资本主义体系的内在契合。这种契合基于一个核心理念,即无论新自由主义如何演变,其始终维护着资本主义体制,尤其是服务于垄断资本和企业集团的利益。正是这种根本特性赋予了新自由主义顽强的生命力。然而,新自由主义的前进并非坦途。在后金融危机的背景下,一系列的新自由主义变革旨在应对资本主义世界的变迁。然而,由于其无法妥善解决资本主义国家所面临的新兴挑战,新自由主义再次遭遇了发展的瓶颈。

第一节　后金融危机时代新自由主义得以继续发展的原因

一、新自由主义奠定了经济繁荣的基础

(一)新自由主义巩固了统治阶级的力量

在《不朽的新自由主义秘密》这部作品中,英国文学家克林·克劳奇对市场经济理念进行了深度审视。他洞察到,新自由主义之所以能够持久不衰,其关键在于过去的30多年里,它有力地推动了大型企业的壮大,这些企业成为抗衡国家政府的重要力量。它们不仅在经济领域占据了主导地位,还极大地塑造了公共政策的走向。这些巨头企业擅长运用自身的影响力,游说政府并施加压力,以确保政府持续推行有利于它们的新自由主义经济措施。此外,克劳奇强调,银行、股市和金融市场的保守新自由主义理念架构,为过去30多年的经济繁荣奠定了稳固的基石,同时也强化了社会上层阶级的统治地位。这种经济体系如同一座坚固的堡垒,维护着既得利益者的利益,且在社会变迁中保持了其稳固的影响力。

在经济的鼎盛阶段,金融市场的波动影响着每个个体与集体的福祉。信贷市场的起伏,成了中产阶层和贫困人口生活与消费的晴雨表,他们以此维系生计,进行消费。而超级富豪阶层,则倾向于在衍生品和期货市场的复杂网络中寻求投资机遇,形成了一种独特的利益交融体,这被描述为"私有化的凯恩斯主义"。尽管国家利益

和民众福祉在某种程度上被边缘化,自 2008 年经济危机后,金融机构的财富和影响力却呈现惊人的增长态势,吸引了全球更多的瞩目与权力。

(二)新自由主义实现了资本的阶级意图

尽管新自由主义未能兑现其初衷,它却巧妙地巩固了对跨国财团、全球金融巨头以及地方权贵的掌控,从而实质上推进了资产阶级的利益。要衡量新自由主义模式的持久性,目光应聚焦于草根工人阶级能否奋起行动,逆转底层与顶层间的阶级力量对比。①

美国工会的兴衰反映了社会阶级力量的演变。自 1955 年以来,工会会员的总人数呈现上升态势,然而在那一年,会员比例触及峰值,占据了劳动力的 39%。然而,此后的数十年里,这一比例逐渐下滑,直至 1995 年降至 15%,并在 2006 年进一步跌至 12.97%。这组数字背后隐藏了公有和私营部门间显著的会员差距,前者保持着 36.4% 的比率,后者则只有 7.9%。② 尤其值得注意的是,自 2008 年金融危机后,美国工会的力量未能重振,到了 2010 年,仅有 12% 的美国工资劳动者挂靠在工会旗下③。

在资本主义国家,大多数人们普遍信奉且似乎别无选择,那就是自由市场经济与自由就业体系。然而,工会的影响力并未能显著提升工人阶级在谈判中的地位。全球产业变革正在持续扩大其影响范围和影响力,国际经济格局的变迁莫测,这种动态平衡短期内似乎不会在美国或其他国家发生根本性改变,阶级力量的对比仍然棘手。

因此,其拥护者巧妙地以改革的名义坚守新自由主义政策的基石,敦促那些尚未彻底遵循新自由主义道路的国家加速调整,步入正轨。④ 然而,事与愿违,新自由主义的挫折并非源自其自身,而是那些拒绝采纳其理念的国家的作为。

(三)金融寡头的发展离不开新自由主义

在金融危机的余波中,古巴杰出的经济学家奥斯瓦尔多·马丁内斯深刻地指出,新自由主义之所以能展现出部分的活力,不仅在于其形式上的严密逻辑和无可挑剔的精巧技艺,更关键的是,它在全球化进程中犹如常青树一般,因其本质上是捍卫跨国资本主宰阶层共同利益的理论与政策。在这个经济与金融交织的世界中,金融

---

① 参见程恩富,谭扬芳:《反思资本主义制度》,《中国社会科学报》2011 年 10 月 25 日。
② 丹·克劳逊,玛丽·安·克劳逊,郭懋安:《美国工会状况及其复兴战略》,《国外理论动态》2010 年第 5 期。
③ 有关数据参见美国劳工部网站 www.dol.gov。
④ 威廉·K·塔布:《当代世界资本主义体系面临四大危机》,《每月评论》2009 年第 1 期。

巨头作为全球资本的引领者，主导着经济金融化的浪潮……对那些金融投资的巨头来说，新自由主义就如同他们不可或缺的空气，片刻也不能分离。[1]

产业资本的实质力量相较于金融资本的贪婪与冒险性显得较为保守。随着金融力量逐步侵蚀产业领域，甚至影响到国家政策的制定，这些金融巨头们不再满足于遵循既定的规则与监督，不再受限于单一国家的市场范围。他们的目标是追求无束缚的运营自由，打破国界，扩展至全球市场，以期获得更为可观的利润。这就导致了国际垄断金融资本对现有理论体系的挑战，尤其是那些支持宏观调控的凯恩斯主义。哈耶克及其门徒凭借其敏锐的洞察力，适时抓住了这个转折点，他们利用经济滞胀的困境对凯恩斯主义发起坚决的反驳，同时大力弘扬古典经济学的核心理念。这些理论攻势恰好迎合了美国和英国那些国际金融巨头的胃口，为他们的全球扩张提供了有力的理论支撑。

尽管我们之前的分析着重于揭示资本主义社会的政治与经济本质，但为了深入理解后金融危机时期新自由主义为何能持续壮大，我们必须从更深层次的理论视角来考察，即新自由主义实际上才是勾勒资本主义演进核心逻辑的真正面貌。

二、新自由主义顺应了资本主义发展的根本逻辑

（一）新自由主义使剩余价值规律得到了充分发挥

在资本主义的经济体系中，核心的社会动态便是价值的交换。在过往的社会体制中，财富被视为权力的根基，然而在资本主义的演变进程中，形势逆转，交换价值不仅仅构成了经济决策的基石，更深入地影响着政治决策的形成。价值规律不仅在资本主义的经济领域内起着主导作用，还广泛地左右着社会生活的诸多方面。这种由价值主导的社会结构，恰恰是资本主义的本质特征。正如经济学家亚当·斯密所洞察的，人们似乎有着天性去进行交换，所有的商品似乎都被交易的法则所制约，生活的重心似乎就是交换。然而，在一个高度管控的市场，或者流动性受限的市场中，资本难以在不同的生产部门间自由流动，而是被局限在一个固定的地域、设备或劳动力商品的形式内，这便阻碍了效率从低效领域向高效领域转移。对资本家而言，这意味着获取额外收益和利润的能力受到了削弱。显而易见，资本主义的发展愈演愈烈，其目标便是将一切转化为商品。因此，新自由主义提倡的"全面商品化"理念，正是资本主义内在规律的生动体现。

全球市场的扩张需求迫使企业家足迹遍布世界各地，致力于拓展和联结。金融资

---

[1] 奥斯瓦尔多·马丁内斯：《垂而不死的新自由主义》，高静译，北京：当代世界出版社，2009年版，第16—17页。

本尤为显著，其流动性和投资障碍的减少成了首要趋势。新自由主义的理念恰好迎合了这一需求，它倡导的无拘无束的市场环境成为理想的舞台。完善的金融市场体系，犹如催化剂，确保资本流通畅通无阻，货币资本的回收与利润的即时实现得以顺畅进行。新自由主义对资本流动性的推崇，无疑是对广泛资本特殊诉求的精准定位。

(二) 新自由主义契合了金融资本的统治需要

资本主义的运行机制揭示了一个现象，即货币能够在跳过实体生产环节的情况下实现自我增值。[①]新自由主义的盛行推动了金融衍生品市场的繁荣，使得金融资本日益成为主导力量，这正是遵循了资本主义演进的内在逻辑。正如列宁所警示的那样，从初始的小额高利贷资本阶段，最终演化为大规模高利贷资本的主宰，金融资本的独特形态在驱动金融市场扩张的同时，也催生了大规模的投机行为，加速了资本的集中与累积[②]，2008年的全球金融危机正是这一过程的体现。只要金融资本的基本规则没有发生根本性的变革，新自由主义作为其意识形态的支撑，就将继续得以扩张。同时，资本主义的内驱力在于最大限度地榨取剩余价值，这就决定了资本对劳动力剥削的本质。为了维持高效剩余价值的生产和积累，资本不仅需要自由流动，也需要劳动力市场的灵活性，从而催生了弹性工作制，以维系庞大的劳动力后备军。在新自由主义的框架下，这些条件变得更加易于实现。

资本主义的演进路径似乎预示着，其不可避免地趋向于新自由主义的模式，强调无休止的市场扩张、自由流通与私有产权深化。在西方国度遭遇重重危机之际，若不寻求既有体制的根本转型，便无法从新自由主义的桎梏中脱身。由此看来，新自由主义实则是资本主义体制内的一种衍生物，它深深植根于资本主义的发展脉络中，得益于资本主义的自我强化而展现出极强的生存韧性。

三、新自由主义缺乏可替代性方案

尽管探究新自由主义的本质和其在当代社会中的稳固地位的内在动因显得必要且不可避免，但我们还需深入历史的细节，以理解其为何能在特定时空中持续保持其影响力。法国学者迪梅尼尔与莱维的见解揭示，自由市场的无限制扩张并非长久之计，因为社会系统会自然产生反作用，以此来抵御过度自由的冲击，以此自我保护。[③]实际上，这种社会的自我调整策略，从外部对新自由主义构成了挑战，催生

[①] 张南燕：《金融资本与"新帝国主义"批判——基于列宁"帝国主义论"之阐释》，《国外社会科学前沿》2020年第1期。
[②]《列宁选集》第2卷，北京：人民出版社，1995年版，第619页。
[③] 热拉尔·迪梅尼尔，多米尼克·莱维：《新自由主义的危机》，徐则荣译，北京：商务印书馆，2015年版，第33-34页。

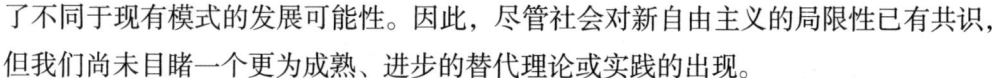

了不同于现有模式的发展可能性。因此,尽管社会对新自由主义的局限性已有共识,但我们尚未目睹一个更为成熟、进步的替代理论或实践的出现。

(一)国家干预主义的替代方案

在现代资本主义的演进历程中,自由放任与国家调控的理念交替主导着经济政策。因此,当新自由主义的弊端日益显现,人们自然而然地倾向于回归国家干预的怀抱,尤其是倾向于凯恩斯主义,它是对新自由主义的一种直接回应。当美国经历次贷危机的冲击,斯蒂格利茨和克鲁格曼等人不失时机地疾呼,宣告了"经济衰退理论的复兴"以及"凯恩斯主义的凯歌"[1],新凯恩斯主义的声音在全球范围内愈发响亮。

毋庸置疑,度过危机的各国政府纷纷采取了凯恩斯主义的应对策略,比如美国和欧洲选择暂时管控金融领域,强化了监管体系,而日本则选择了增加公共开支以提振国内市场的购买力。然而,这些看似临时的干预手段,似乎暗含着新自由主义的长远愿景。金融机构的国有化,实则旨在通过政府的短期介入,帮助它们迅速摆脱困境,以便于日后更有力地回归私人所有。值得注意的是,新兴的金融监管框架常常充满矛盾,其稳定性在美国等国家的政治博弈中显得尤为脆弱。与此同时,大规模的财政投入是基于对通胀预期的考量,或是为了维护新自由主义下的财富分配格局。这种对消费的暂时刺激,随着实体经济逐渐疲软,逐渐转变成了对供给端改革的侧重。

在应对或减轻经济困境时,凯恩斯主义的介入策略似乎并非持久而有力的解决方案,它们更像是政府采取的暂时性手段,常常与新自由主义的策略交织并行。实际上,国家干预主义并未作为一种广泛接受的政府哲学或结构性设计真正成型,这与二战结束至70年代初多数主要国家实践凯恩斯主义的时期形成了显著的对照。

尽管国家干预的实践在凯恩斯理论之前已然存在,但关于罗斯福式干预在摆脱1929至1933年经济大萧条中的角色,其有效性仍值得深入探究。依据波兰尼的"反向社会运动"理论,这可视作对自由市场的自发对抗,是社会自我保护的体现。然而,这种反向运动要想产生效力并达成目标,必然依赖于特定的假设和历史背景,这同样适用于国家干预主义的解析。凯恩斯经济学在战后成为主流,很大程度上反映出资本主义生产模式的转变和全球格局的重塑共同塑造的结果。

自20世纪60年代后期起,凯恩斯主义的基石开始发生动摇。随着战后经济的繁荣和工业时代的尾声,产能过剩的问题重新浮出水面。长期依赖债务管理和宽松

---

[1] 热拉尔·迪梅尼尔,多米尼克·莱维:《大分化——正在走向终结的新自由主义》,陈杰译,北京:商务印书馆,2015年版,第165、166页。

的金融政策来刺激消费，如今却在发达国家引发了滞胀的困境。这种转变推动了去监管的必要性，资本积累的需求愈发迫切。特别是在80年代以后，发展中国家和前社会主义国家融入了全球资本主义体系，构建了一个高度异质化的劳动力市场。这一时期，生产模式的灵活性提升，赋予了资本更大的掌控力，引发了全面竞争的热潮。于是，资本和制造基地从发达国家快速转移，全球资本的自由流动显著增强，同时也大幅削减了各国政府对资本干预的能力。

(二)"21世纪社会主义"的替代方案

21世纪初，一种可能性更大的选择浮现在人们的视野中，那就是社会主义。尽管在20世纪，社会主义在苏联和东欧等地遭遇挫折，但进入新世纪后，它在世界其他地区展现出了不同的面貌。尤其是中国、越南、朝鲜、老挝和古巴这些国家，他们坚守着早期社会主义的根基，与此同时，拉美地区也出现了所谓的"21世纪社会主义"浪潮。这股潮流以反对新自由主义为核心，委内瑞拉、玻利维亚、厄瓜多尔和巴西等国成为其先锋。他们在"社会主义"前突出强调"21世纪"，以此凸显其与传统苏联和东方模式的差异。

在不同的国家中，"21世纪社会主义"的理念和实践呈现多样的面貌，然而，它们的核心相似之处在于经济层面上对战略资源的公有化与社会化路径的重视，主张将规划与市场机制相融合，推动多元所有制经济的茁壮成长。同时，它们致力于政治领域的民主深化，尤其是推动公民的积极参与，目标是减小社会经济的不平等，确保公正与平等在社会各领域得以实现。这些理念倡导在平等、协作和互助的基础上，通过区域联合推动新的国际经济体系的构建。这种国际视角下的合作实践，以平等、协作、互助为基石，有力地促进了全球范围内经济秩序的转型。这些策略在21世纪对维持社会主义国家的政治稳定以及推动其国民经济的快速复苏和协调发展，起到了积极的促进作用。

然而，这个被称为"21世纪社会主义"的概念，尽管在理论上已经崭露头角，却仍然处于起步阶段，理论根基还不够稳固，实践层面也尚存缺陷，核心议题的解决仍有待时日。从理论上探究，这种新型社会主义有着清晰的方向，但它犹如一座未完工的建筑，缺少统一而深入的哲学基石，是马克思、列宁的智慧，民族自决的诉求，社会民主的实践，托洛茨基的理论，解放神学的启示以及空想社会主义的愿景交织融合的产物。

现实中，"21世纪社会主义"尝试在政治舞台上进行革新，却受限于现存体系的深深束缚，未曾带来体制的根本性变革，仅仅是对既有框架的调整与替换。经济结构的深层次问题，依旧悬而未决，这主要体现在国家经济中私人资本的主导地位依然坚挺,既得利益群体的经济优势没有被撼动,阶级结构的本质也未发生改变。这种经济现状为新自由主义的回潮提供了肥沃的土壤。同时,"21世纪社会主义运动"在政治策略上过度依赖诸如查韦斯、莫拉莱斯那样的个人魅力领导者,却未能培育出一个强大且成熟的无产阶级政党,以实现持续且有力的领导。

总的来说,迄今为止,"21世纪社会主义"探索进展尚属迟缓,未能构建出一个成熟且稳固的演进框架,这导致它无法充分吸引那些反对新自由主义的全球力量。因此,构建一个全面的替代选择与实践方案仍然处于初级阶段。

第二节 后金融危机时代新自由主义新变化的基本特征

2008年金融危机以来,新自由主义作为垄断金融资本主义的理论体系,不仅在学术界遭受到了深刻的质疑,而且在实际操作层面,根据普遍的科学认知,已被证实为不尽如人意。经济危机过后,先进国家开始重新审视新自由主义的适用性,然而,以美国为首的全球金融巨擘继续引领着全球经济的脉动,这种主导地位主要服务于美国的国家战略利益。因此,新自由主义的现状充满了内部冲突,其未来演进路径亦显得模糊不清。

一、局部调整并未引起本质变化

前文已揭示,后金融危机时期的新自由主义理论演进,包括其政策实施和国际策略的调整,实质上都是在既有新自由主义理念的约束下进行的。这些变革并未跨越新自由主义理论的固有限制,而是在考量国内环境与全球一体化趋势的基础上实施的微小修正。

(一)新自由主义者的反思未触及新自由主义的本质

在全球经济遭受2008年国际金融危机的沉重打击之际,新自由主义的学者们纷纷开始了深刻的反思。日本学者中谷岩在其力作《资本主义为什么会自我崩溃——新自由主义者的忏悔》中,对以"结构改革"和"去管制"为旗号的新自由主义理念,进行了痛定思痛的剖析。这种强调市场至上的全球化资本主义,不仅在日本,更在全球范围内激化了矛盾,引发了严重的社会问题。新自由主义导致的市场波动加剧、环境退化、贫富差距扩大以及社会疏离现象,无疑暴露出其内在的缺陷。显然,盲目推崇源自欧美的新自由主义价值,已不足以应对世界的复杂挑战。全球化经济在看似无拘无束的"自由"市场推动下,短期内看似繁荣,实则潜藏着巨大的不稳定性。这种无休止的去管制和国际规则的调整，非但未能创造出无缝对接的世界市场，反而加剧了摩擦，使得全球化资本主义的弊端日益凸显，直至无法挽回。在自由放任的全球化资本侵蚀下，世界经济动荡不安，贫富差距悬殊，环境污染加剧，以至于生态环境几乎到了无法修复的地步。因此，可以说，资本主义已在某种程度上走向了自我瓦解的边缘。

尽管中谷岩的批评理论被视为新自由主义理念受挫的象征，他并未深究该理论的挫败根源以及如何走出新自由主义的困境。他甚至申明，"即便自己，也不否定全球化资本主义和新自由主义的部分正面效应"[①]。显然，中谷岩认知到新自由主义的局限，却无意彻底摒弃。这仿佛预示着新自由主义已成不容置疑的政界共识，尽管它问题重重，却难以被撼动。

(二) 新自由主义的调整出于当前的短期利益

从前文新自由主义政策和对外战略的新变化的论述中，我们可以洞悉，这些变革实质上是对当前社会冲突与经济困境的即时应对，并未触及新自由主义的根本本质。

在经济发达国家的政策导向中，新自由主义的实践并非一成不变，而是根据国家的战略利益和全球与国内环境的动态调整，显露出一种循环往复的模式。这种模式可以从严格的财政纪律转向危机时期的扩张性财政，然后在危机过后再次回归紧缩，显示了新自由主义适应性的一面。以国际贸易为例，新自由主义国家在面临国内经济利益受损时，可能会对自由全球贸易的信条避而不谈，转而采取保护主义措施。然而，当本国企业寻求扩张或在国际市场上占据主导地位时，新自由主义倡导的全球化理念又会成为推行的策略。因此，新自由主义政策的调整并非其内在本质的转变，而更多是针对当前局面的策略性运用。

对那些深受新自由主义冲击的发展中国家来说，它们经济转型的主要挑战在于如何逐步摆脱这种理念的影响。然而，由于对外部援助的依赖，或是先前新自由主义政策的延续性，它们在改革进程中往往难以完全摒弃其影响，私有化改革便是一个明显的例子。试图通过私有化来抵消新自由主义私有化引发的问题，无异于在新自由主义的框架内试图解决其自身的危机，显然收效甚微。这些国家，受限于经济的滞后发展以及在国际舞台上的话语权不足，要从发达国家的主导中独立出来已是不易，更别提如何找到一条既能解决新自由主义带来的困境，又能适应自身特点的现代化发展道路，这无疑是一个待解的复杂问题。

---

① 中谷岩：《资本主义为什么会自我崩溃——新自由主义者的忏悔》，郑萍译．北京：社会科学文献出版社，2010年版，第12页。

二、理论与实践相偏离

在应对金融危机的过程中，尽管新自由主义的主张似乎遭遇了挫折，导致凯恩斯主义再度受到各国政府的重视，但这种理念的核心其实是金融垄断资本追求利润最大化的体现，它是对古典自由主义和凯恩斯主义理念的融合。因此，新自由主义在当代资本主义体系中并未轻易地让位。尽管无数数据和事实揭示了新自由主义在危机中的推波助澜作用，西方发达国家，尤其是美国，仍然坚信问题出在市场的资金流动性不足上，只要注入足够的货币，就能重振市场。基于这一新自由主义指导思想，它们在危机应对中确定了以维护金融垄断资本利益为主的救助策略。即使是英国和美国这样的新自由主义中心国，也逐渐意识到了民生保障的重要性，然而在现行的金融垄断资本主义框架下，首要任务似乎是挽救大型金融机构。为了确保银行体系的稳定，两国政府愿意背负巨额债务，大规模地向市场注入流动性，甚至不惜影响民主进程。毕竟，它们在新自由主义的道路上已越走越远，积累的问题也日益严重。

而在金融危机爆发之后，那些秉持新自由主义理念的国家依然坚守其信条，试图以新自由主义的手段来应对经济的动荡，并期望通过深化这些政策来重振经济。在这些典型的新自由主义国家，金融市场的自由化被视为推动经济的关键，然而紧接着，政府往往不遗余力地保护金融机构的声誉和偿债能力，哪怕代价高昂。这背后的一个重要原因在于，对资本主义体系来说，货币的信誉和稳定性不仅是国内政策的基石，也是国际关系的支柱。然而，令人费解的是，尽管金融体系自身的失误催生了庞大的财政赤字，新自由主义国家却难以忍受大规模的财政赤字。即便如此，政府还是被迫介入，承担起本应由市场自行消化的风险。理论上，投资者应为自己的选择负责，但在现实中，国家的力量常常被用来为公司提供金融援助，或者悄然转移财政失败的后果。

以上所述几乎没有一样与新自由主义理论相吻合。波兰尼的洞察揭示了新自由主义理论的微妙之处，他察觉到该理论背后隐藏的并非对自由市场的纯粹崇尚，反而是对国家干预的极端依赖。他强调，市场并非自然形成，而是政府有计划且强有力介入的产物，其目标往往超越经济范畴。市场秩序并非固有，而是易受不同观念冲突和利益冲突挑战。[①] 因此，守护自由市场，实际上也需要政府的干预，以协调不同力量，确保市场的运行符合预期。这样看来，自由市场之路并非自然敞开，而是通过持续且统一的干预策略来构建和维持的。

---

① 卡尔·波兰尼：《巨变：当代政治与经济的起源》，黄树民译，北京：社会科学文献出版社，2013年版，第413页。

三、集中凸显资本主义系统性危机

随着资本积累的结构性矛盾日益凸显，新自由主义的理念开始遭受质疑。它提倡私有化、推崇自由市场，并积极倡导全球一体化，试图以此来调解或控制这些矛盾。然而，在危机的不断深化中，这种"修正"策略的内在冲突也逐一显现，引发了人们对这一理念有效性的广泛反思。

（一）经济危机可能即将到来

如前文所述，欧美等先进国家正面临着克服经济停滞，重拾稳健且持久增长的艰巨任务。然而，西方政权的宏观经济调控策略正遭遇严峻挑战。在财政层面，巨额的公共债务犹如一座难以逾越的大山，挤压着任何可能的政策调整空间。货币政策的困境同样显著，长时间的宽松货币政策导致金融市场气泡膨胀，削弱了政策工具的调控效力。此外，新自由主义理念指导下的西方经济决策者，在全球舞台上应对各类经济困境时的乏力表现，也日益引起世人注目。

在经历了动荡与逐步恢复的阶段后，各国的货币管理机构不约而同地扩充了自身的资产与负债规模，时下，"央行的资产负债表已膨胀至危机前的三倍之多，且这一数值仍在攀升"[①]。这在很大程度上阻止了经济体系的崩塌。然而，当前的焦点已转移至如何激活迟滞的经济，使其回归强劲且持久的增长轨道。不过，这已超出单一中央银行的能力范畴。由于经济周期的必然性，距离上一回严重危机的发生已过去了近十年，再者，金融泡沫的严重性只增不减，因此，下一轮金融与经济的动荡似乎已在所难免，这并不令人意外。

（二）政治危机不断深化

在经历了经济危机的洗礼后，西方资本主义社会的政治版图发生了剧变，这在很大程度上是由于新自由主义理念的持续渗透。长期以来，资产阶级民主被视为一种调和阶级冲突的机制，它在资本主义经济体制的矛盾冲突中扮演了缓冲角色。在自由市场的框架下，劳资之间的冲突似乎成了市场经济的常态，然而，选民手中的选票曾赋予政治家一定的责任，即为赢得支持而制定符合大众期望的政策。然而，随着新自由主义政策的推行，金融寡头的力量日益壮大，劳动者的权益却日渐式微，资产阶级的反对力量变得微不足道。于是，民众对西方民主制度的信任度急剧下滑，参与政治的热情也日渐冷却。

---

① "Bank for International Settlements", 83rd Annual report, 1 April 2012-31 March 2013, Basel 2013, p.5.

在20世纪五六十年代，西方社会大众的参与度普遍呈现上升趋势。然而，自70年代起，特别是新自由主义思潮盛行后，人们对议会选举的热情似乎在减退。数据显示，从2000年至2007年，选举的平均投票率降至73.5%，而2008年的金融危机过后，这一数字进一步下滑至72.4%。同样在2008年以后，美国总统选举的投票参与率也明显走低，到了2016年大选，投票率仅仅录得68.30%。[1] 这连续的低投票率现象，似乎反映出西方社会中，越来越多的人开始认为，他们的投票对选举结果的影响微乎其微，甚至完全无关紧要。

此外，值得注意的是，在西方国家的选举舞台上，一个引人注目的趋势是政治观点的日益分化。通常情况下，大部分选民会倾向于支持传统的候选人。然而，历史的脉络显示，无论是来自左翼还是右翼的当选者，他们的施政纲领往往烙印着新自由主义的色彩。尽管过去了数十年，社会阶层之间的力量对比似乎并未发生显著的改观，垄断性的金融资本在这些国家依然维持着强大的影响力。因此，无论选举结果如何，彻底变革现行的新自由主义政策框架显得尤为困难。

（三）自由文化理论备受质疑

在西方社会的经济体系中，自由市场机制被视为支柱之一，它深深地扎根于社会文化的根基。自20世纪70年代起，伴随着自由主义思潮的推动，经济全球化成了资本主义繁荣进程中的显著特征。然而，时间来到2018年，全球金融体系的大地震引发了人们对自由贸易的剧烈反思和抨击。这股质疑的浪潮催生了贸易壁垒的兴起以及对全球化进程的抵制，在世界各地掀起了一场逆全球化运动。

欧洲一体化曾经是区域一体化的典范，然而，英国决定退出欧盟的决定给这一进程带来了严重的打击。紧接着，美国总统唐纳德·特朗普在其执政早期的决策中，选择了退出代表全球贸易自由化的跨太平洋伙伴关系协定（TPP），并且对1994年启动的北美自由贸易协定表示质疑，甚至提出重新协商或直接废止。这些举动无疑引发了对西方社会长久以来推崇的自由市场经济理念的深度反思。

在当今世界的经济、政治与社会的错综复杂中，诸如极端思想的蔓延、恐怖活动的肆虐、难民潮的涌现等挑战，正使得西方自由主义遭遇前所未有的质疑。各个社会层面开始对这一理念产生动摇，因为它似乎在应对当前全球议题上显得力不从心。人们开始反思，传统的西方理论是否还能捕捉现代社会的脉动，能否揭示矛盾丛生的根源，更遑论提供切实可行的解决策略。

---

[1] 数据来源：http://www.Idea.int/vt.

第三节　后金融危机时代新自由主义的本质批判

一、阶级性：本质上仍是为资本主义制度代言

现代资本主义体系中，新自由主义作为一种主导的思维模式，实质上反映着国际大财团的意志。这种意识形态在全球的影响力扩张，无疑旨在掌控全球经济脉络，巩固资本主义体制及其生产模式。即便在金融危机的后时代，新自由主义依然扮演着为阶级利益和资本主义统治服务的角色，同时也是美国谋求世界支配地位的智力工具。

（一）维护资本主义经济制度

作为资本主义经济体系的调控手段，新自由主义政策无论在国内还是国际领域，其核心目标始终是巩固现有的生产方式与经济体制。其构想的愿景是构建一个由发达国家引领的全球资本积累新秩序。当前，新自由主义的全球化理念正逐步推动一种"回归原始"式的资本主义观念，促使世人接受一个以利润为终极导向的经济体系。

古典自由主义的根基，即亚当·斯密的学说，为新自由主义奠定了理论基础。这位经济学巨匠在其著作《国富论》中，借市场之口阐述了一段深邃的见解："那些倾向于投资国内制造业而非国外的竞争者，只关注自身安全的管理者，致力于提升产品价值的经营者以及在众多情境中，遵循着无形指引而实现非预设目标的人们，尽管其行为并非源于社会福祉的初衷，却并未因此对社会造成伤害。事实上，他们追求个人利益的过程，往往更能意外地增进公众福利。我尚未闻诸于耳，有人以大众福祉为名，却在商业活动中有所建树。"那么，促使个体在追逐私利时兼顾他人利益的驱动力又是什么呢？

"在任何时刻、任何角落，人们往往需要他人的携手互助，而非仅仅依赖他人的恩赐。若能点燃内心的热忱，向他人揭示合作的互惠之处，那么达成目标将更为顺畅。每个希冀与陌生人建立联结的人，首要之务便是明确这一前提。"[①]简言之，追求自我利益的先决条件是触动他人的利益诉求，随之提供相应的回报。在充盈着竞争的市场舞台上，无数提供类似产品与服务的参与者相互博弈，形成一种自我调节的机制。因此，那些忽视他人利益，企图单向扩张的参与者，往往会成为他人策略的牺牲品，从而失去市场份额。一个人在追求个人目标时，若能兼顾并充分顾及他人的利益，其在竞争中取得成功的可能性便越大。

---

① 李珮：《告别沉默——新自由主义之后的文化与政治》，北京：中国传媒大学出版社，2018年版，第197页。

在追求经济体系的自由化进程中，新自由主义倡导大幅度削弱政府对经济的介入程度。这导致发展中国家不得不将管理权让渡给由发达国家主导的全球性机构。其根本目标在于，将全球经济的调控权移交给强国，从而使得弱势国家失去了保护本土市场的机制与手段。于是，发达国家倚仗跨国企业，在相对弱势的国家市场中确立了主导地位。市场经济的生命力源于竞争，经济学家们憧憬的理想状态正是完全竞争。在这样的理想状态下，社会资源能实现最优化分配，交易参与者都能达到帕累托最优的境地，市场的"无形之手"将极致地施展其调控力量。

在全球实力的失衡背景下，新自由主义在国际经济体系中的运作，似乎只关注那些已经形成的主导力量，导致了一种局面，那就是实力较弱的国家常常感到被迫采取极端手段，这不仅加剧了社会内部的冲突，还使得国际的紧张局势持续升级，仿佛战争成了不可逃避的常态，而非和平的追求。这种情况下，尽管表面上财富累积，但战争的幽灵和死亡的阴影如同挥之不去的乌云，笼罩着每一个人，人类社会似乎在倒退回一个更原始的竞争状态。因此，所谓的"无形的手"，实际上更倾向于维护强势者的规则，保障他们的特殊利益，而非普遍公正。从这个角度来看，新自由主义实际上是在复兴一种野蛮的资本主义形态。

(二) 对外意识形态渗透

在全球舞台上保持主导地位，美国所依赖的不仅仅是其军事、经济和政治的雄厚实力，更在于它能否在精神文化层面成为全球的引领者。这要求美国将其独特的文化理念与价值观推广至全球，使之成为普世认同的标准。詹姆斯·佩特拉斯，这位美国学界权威，在解析新自由主义全球化理论时强调，理解这一理论的核心并不在于其学术层面的贡献，而是它作为一种意识形态，被用来合理化社会不平等的加剧、贫富差距的扩大以及公共资源向资本的倾斜。尽管全球化理论在学术上可能缺乏实质价值，但在意识形态上，它却有效地服务于一个根本的政治目标：固化并加剧社会阶层间的不平等。[①]

通过外交途径的意识形态攻势，新自由主义试图在全球范围内构建一个由西方核心价值观主导的资本主义体系，借此实现军事途径无法触及的蓝图。这种意识形态的输出，本质上反映的是思想领域里的阶级和政治较量。新自由主义在推广其理念的过程中，其最终的考量是如何促使中国等社会主义国家加速接纳西方文明的脉络，这源于它们坚信社会主义的思想影响力已然衰退，而西方提倡的自由民主理念已经深入人心。

---
① 周兵：《新自由主义批判文选》，北京：红旗出版社，2019年版，第77页。

在自由主义的初始阶段，其肩负着双重使命。在国内，它的目标是摆脱经济停滞与通货膨胀的困境，以重振国内资本的盈利能力。在国际舞台上，自由主义致力于瓦解共产主义体系，特别是针对苏联的社会主义体制，消除任何可能阻碍私人资本全球化盈利的壁垒。随着20世纪90年代东欧剧变和苏联解体，新自由主义在全球范围内扩散，继续以其和平手段针对社会主义国家，试图进行分化和西化。值得注意的是，发达国家从未在其国内完全实施自由主义政策，然而它们却积极推动发展中国家，尤其是社会主义国家接纳新自由主义的经济策略和商业实践。同时，美国等经济强国通过政府补贴和非关税贸易限制，实际上采取了保护本国经济的手段。

在全球政治的舞台上，新自由主义披上了"新帝国主义"的外衣，其特征是侵略、扩张，带有一种狭隘的民族主义色彩，排斥其他文化。它的本质是贪婪地占有和无情地剥削，展现出冷酷且不人道的一面。在经济全球化的进程中，自由主义所构建的秩序并非普遍的平等自由，实质上是一种等级分明的自由主义体系，因此，更恰当的称谓应为"新自由主义霸权"或"自由主义霸权秩序"。

显而易见，新自由主义并非推崇普遍的全球化，而是致力于推进由超级大国引领的全球化进程。在这个进程中，超级大国的霸权地位至关重要。然而，在金融危机之后，资本主义经济缓慢复苏，发达国家的经济增长普遍减速，超级大国的霸权地位开始动摇。同时，新兴的发展中国家正在逐步侵蚀超级大国的全球利益。

二、时代性：有着深刻的"后金融危机时代"的烙印

在全球化步伐加速的背景下，新自由主义如雨后春笋般涌现，与当代资本主义演进的最新阶段紧密相连。即使在金融危机的余波中，新自由主义依然烙印着时代的特色，它是国际资本巨头扩张的衍生品，也是资本主义体系转型与国际格局重塑的见证。

（一）资本主义进入国际垄断资本主义阶段的印记

全球化的推进伴随着资本主义发展的一个新时代，这一时期最显著的标志就是新自由主义的盛行与全球扩展。它并非偶然现象，而是与国际垄断资本主义的策略紧密相连，实际上，新自由主义充当了这一阶段资本统治的得力工具。

自1990年"华盛顿共识"诞生以来，新自由主义理念在全球范围内如火如荼地扩散，尤其在自由化、市场化、私有化以及经济一体化的驱动下，为跨国资本的全球布局铺平了道路。审视当今世界的演进脉络，新自由主义的全球渗透与垄断资本的国际化进程紧密相连，其影响力甚至超越了后者。在这个全球经济架构中，国际

垄断资本已然占据了主导地位，其扩张范围与经济全球化几乎同步发展。[1]可以说，经济全球化是垄断资本全球扩张的直接产物，没有跨国资本的广泛延伸，全球化进程或许无法达到今天的规模。简言之，新自由主义理念与国际垄断资本力量共同塑造了全球化的核心动力和主导趋势。

总之，人类社会的进步催生了经济全球化的浪潮，这可视作世界经济发展的一座里程碑，它是生产力提升的自然演进。然而，这一进程至今仍受制于国际上那些掌控大局的垄断资本力量。换言之，新自由主义的理念实质上充当了这些垄断资本进行跨国扩张的理论工具。

(二) 新自由主义从危机中复苏和矛盾发展的印记

某种程度上，新自由主义的理念确实守护了权贵阶层的权益，然而，它未能提供解决资本主义根本矛盾的出路。尤为关键的是，金融监管的宽松促使逐利资本从实质经济中抽离，转向金融领域，这使得资本主义国家经济越发依赖金融，金融深化与虚拟化的趋势日益明显。这种过度的金融化和虚拟化极大地提升了金融体制的不稳定性以及经济危机的冲击力。这些累积的冲突最终触发了2008年美国的次级房贷危机，进而演变成全球资本主义体系的经济与金融风暴。这场危机的爆发，无疑揭示了新自由主义理念的全面破灭。

全球性金融危机引发了对新自由主义理念的深入审视，各界人士，包括理论家、知识精英以及国际政策制定者，纷纷重新评估其背后的政治理论。美国知名经济学家约瑟夫·斯蒂格利茨提出，新自由主义实际上充当了国际金融巨头推动全球化进程的推手，对全球经济造成了重大的负面影响。尽管2008年全球金融危机后，新自由主义被广泛认为是罪魁祸首，且在危机过后亦面临严峻挑战，但它并未因此消亡，反而在一些国家中巩固了其地位。

在全球各地，政府在应对危机时往往展现出强烈的自由市场经济倾向。在经济发达的国家，政治领导层对公共服务的质量置之不理，却急切地为陷入困境的金融体系提供援助。以美国为例，奥巴马时期的医改政策导致医疗开销飙升，中产阶级的医疗服务反而变得更加困难。教育体系也正在经历以竞争性、私有化和市场化为基调的改革。深陷债务困境的欧洲国家纷纷采取紧缩措施，大幅度削减社会福利和公共支出来应对财政压力。令人遗憾的是，这种情况并未因2016年底和2017年的欧美重要选举而得到缓解。英国保守党政府，法国总统马克龙以及德国和荷兰新崛起的右翼力量，都在政策中强调或承诺推动经济自由化。特朗普，作为奥巴马的接

---

[1] 朱安东：《认清西方新自由主义的实质》，《人民日报》2012年7月11日。

任者，主张减税、放松金融监管并削减社会保障，这些举措无疑体现了鲜明的自由市场理念。

后金融危机时代的新自由主义，正显露出其历劫重生的面貌。在这一曲折的复苏轨迹中，新自由主义经历了初始的质疑与抨击，继而自我审视与革新，直至现今强势回归且影响力日益凸显。这清晰地反映出，自2008年经济地震以来，尽管面临重重考验，新自由主义依然坚韧地向前迈进，持续发展。

三、双重性：生产力的发展与生产关系的倒退

资本主义社会中，新自由主义的思潮作为主导性的意识形态，其对生产力的推动作用实则具有矛盾性。自由市场原则的提倡确实为市场增添了生机，某种程度上催化了资本主义生产的兴盛，使得资本主义体制从国家主导的垄断阶段迈向了全球性的垄断时代。列宁在其著作中曾表示，"当垄断价格成为常态，即便是暂时的，技术创新以及整体进步的动力也会相应减弱；同时，这也为人为抑制技术革新创造了经济条件。"[1] 由于垄断根植于帝国主义的经济根基，当垄断价格得以确立，创新与发展的源泉便会受到遏制。基于对资本主义衰退与腐败迹象的深入剖析，列宁曾断言，帝国主义已步入垂死的阶段。因此，有学者大胆推测，"我们正步入一个新自由主义及其全球化影响减弱的时代！"[2]

（一）促进生产力的发展

在垄断资本主义的支配下，新自由主义兴起，其根基在于资本社会化程度的加深。庞大的垄断企业崛起，它们拥有全球视野，能够基于翔实的数据，精心规划本国乃至全球的供应链，以此驱动运营策略。科技研究的性质也发生了根本转变，从个体行为演变为集体智慧的结晶，国家设立专门机构，巨额投资，汇聚一流人才，加速了科技成果从实验室到市场的转化速度。随着工业巨头与金融巨头的交融，银行业在经济体系中的核心地位日益凸显。股份制公司和垄断企业中，资本的所有权与使用权日益分离，股息和红利成为不直接参与管理的资本家的主要收入来源。从生产、管理到资本的配置，新自由主义背景下的国际垄断生产模式为生产力的扩张铺平了道路。生产力的飞跃性发展，正是在新自由主义主导的资本主义阶段，物质生产面貌巨变，规模急剧扩张，为"消费社会"的诞生奠定了坚实的物质基础。这一时期被赞誉为"资本主义的黄金时代"绝非偶然。无可否认，新自由主义引领的

---

[1]《列宁全集》第27卷，北京：人民出版社，2017年版，第411页。
[2] A.B.布兹加林，A.И.科尔加诺夫，徐向梅：《新自由主义的衰落：晚期资本主义生产力与生产关系矛盾的尖锐化》，《国外理论动态》2019年第5期。

第五章　科学认识后金融危机时代新自由主义的新变化

资本主义为人类社会向后资本主义时代转型的生产力革新奠定了基石。

以"自由放任""市场竞争"和"产权私有"为基础的新自由主义理念，其理论根基扎根于"理性经济人"的假定，主张个体追求利益的最大化，并认为完全竞争的市场环境是自然且永恒的。然而，在新自由主义的演进过程中，其对推动生产力的效能似乎逐渐衰减。例如，由热拉尔·罗兰主编的《私有化：成功与挑战》中，汇集了众多跨国实证研究，揭示了结果的多样性和争议。关于新自由主义能否实质上增强企业生产力以及在宏观层面上刺激经济增长，目前尚无全面的统计证据给出定论。一个相对清晰的认识是，仅依靠私有化和市场化改革难以确保经济上的全面胜利。多数发展中国家和转型经济体的经历指出，少数政治势力强大的群体往往垄断了大部分的盈利机会，导致公众利益受损，进而阻碍或停滞了生产力的进步。

（二）出现生产关系的倒退

在资本主义体系中，新自由主义的理念其根本目的在于守护和强化资产阶级，特别是垄断巨头的长远利益，确保资本的主导地位与丰厚利润。即便资本主义经历了从国内垄断向全球垄断的转变，它对私有制的根基并未产生颠覆性否定，反而在私有制框架内推动着生产关系的部分演变和提升。因此，新自由主义的深化进程中，资本主义的基本冲突愈发凸显，这些冲突在频繁的经济危机、生产力的周期性破坏、固定资本的积累、严峻的通货膨胀以及持续存在的大量失业人口等症状中得以集中体现。

在现代市场经济的舞台上，金融资本的霸权力量正以前所未有的方式塑造着社会经济的进程，它如同一把双刃剑，推动着变革的同时，也把生产关系和人类发展的轨迹引向了一个充满挑战的境地。社会经济的不平等现象在新自由主义的催化下越发凸显，形成了鲜明的对比。在这个体系中，资本所有者阶层仿佛置身于乐园，而雇佣劳动者的境遇却并非如此乐观。特别是在新自由主义驱动的金融市场中，资本的扩张无情地挤压了劳动者的生存空间。他们被剥夺了生产资料的拥有权，手中没有资本，只能在资本所有者的主导下被动选择接受雇佣或无奈选择失业。所谓的"自由选择"在这样的现实中，显得如此苍白无力。这种失衡的局面导致了财富与收入的日益集中，它们流向了少数掌控金融资本流动的精英和实体部门的高层管理者。与此同时，金融资本的膨胀也让资本和收入从非金融部门流失，使得那里大多数人只能维持中低水平的收入，财产相对匮乏。

这种晚期资本主义的新自由主义模式，实质上在倒退生产关系，而这反过来又影响了生产力的发展轨迹。它促使重复性的劳动被创新性劳动所取代，加速了自动化和智能化的进程。这种趋势为金融部门和看似无用领域的优先发展提供了技术基础，却在无形中阻碍了其他领域生产力的提升。在这样的现实中，新自由主义的烙印深深地刻在了社会经济结构的肌理中，形成了一种复杂而微妙的动态平衡。

后金融危机时代，全球资本主义体系似乎并未挣脱困境，反而呈现一种深陷系统性危机的态势。这不禁引发我们的严肃关注，因为当前的境况似乎与当初人们预期的2008年金融危机后会摒弃的新自由主义理念背道而驰，这种理念依然在引领着西方资本主义强国的经济策略。这种持续的政策导向值得我们深切反思。

后金融危机时代的新自由主义呈现若干演变，尽管它们并未导致体系的根本性转变，而是量变中的局部创新。这个时代的变种新自由主义，其根基依然深深植于维护后金融危机时期资本精英的统治地位，鲜明地体现了时代的特性。过去40年，新自由主义在全球的广泛应用，使其构建了坚固的政治经济支柱，这使得它在2008年经济风暴过后依然能在政治领域保持屹立。然而，社会上的反动潮流，受限于特定历史条件，尚未凝聚成足以抗衡的新势力。因此，我们预计在不久的将来，将继续生活在新自由主义统治的阴影之下。

在经济体系历经金融危机的洗礼后，新自由主义的理念依然在指导资本主义的前行路径。然而，面对资本主义内在的结构性冲突，新自由主义的理论革新与实践调整并未能引领资本主义实现彻底的复苏，反而加剧了其矛盾的凸显，似乎将资本主义拖入了一个危机的无尽循环。确实，尽管西方自由主义的理念曾在一段时间内催生了发达国家的经济盛世，但它也伴随着劳动者日益加剧的不满，社会不平等达到了令人不安的程度，这无疑暴露了它无法从源头上化解资本主义固有矛盾的局限性。

结　　论

　　综上所述，本书全面地剖析了后金融危机时期新自由主义的转型。在理论层面上，新自由主义采取了新的视角来权衡市场与政府的互动，对市场失效的议题进行了深入的反思，从而重新定义了政府的角色与责任，提倡政府作用的适度回归。同时，它更加强调了国家在经济秩序中的核心地位。此外，新自由主义还对新帝国主义理论所带来的全球治理挑战进行了深刻的检视，展现出对旧有体系的深度剖析和对未来方向的探索。

　　政策上，后金融危机时代，新自由主义的经济理念经历了一段动态和适应性的转变期。西方国家，为了应对经济危机对国家进步造成的冲击，纷纷推出了社会保障和福利政策，这在一定程度上抑制了新自由主义政策的即时推进。然而，观察现今态势，大部分发达国家或是继续沿袭新自由主义的道路，或是采取了部分新自由主义的策略，这表明"新自由主义化"仍是当代资本主义世界中经济政策实施的主要走向。

　　在全球战略的演变中，美英两国的政策在民粹思潮、经济孤立主义及种族情绪的影响下，对新自由主义的全球化理念做出了某种程度的调整。美国频繁地发动贸易摩擦，而英国决定脱离欧盟，这些"去全球化"的举措显著地冲击了全球一体化的进程，也重塑了国际局势的面貌。这种逆向的发展趋势在一定程度上削弱了新自由主义的主导地位，同时也为全球的稳定与经济繁荣带来了挥之不去的不确定性。

　　显然，经历金融危机的洗礼，新自由主义确实呈现出一系列的演变迹象。然而，必须强调的是，这些转变依然局限于狭窄的范畴。尽管新自由主义的理论框架经历了微调，但其核心理论体系和思想脉络并未孕育出重大的革新。在政策执行上，虽然偶有回归的迹象，但这些调整更像是短期的、应对性的举措，未能动摇整体政策方向的根本性转变。在外交策略上，某种程度上也显露出逆转的态势，但并未颠覆新自由主义本质上推行强权主义的策略。因此，总的来看，在后金融危机时期，新自由主义的演变并未触及其维护资产阶级主导地位和为资本利益服务的根本属性。

　　在当代资本主义演进的挑战中，新自由主义采取了一种折中的策略，它剔除了古典自由主义与凯恩斯主义中与时代不符的元素，从而协助资本主义走出困境，延续其扩张态势。然而，新自由主义的本质是古典自由主义与凯恩斯主义的融合，这决定了它无法从根本上解决资本主义内在的基本矛盾，这些矛盾反过来又制约了资本主义的进步。新自由主义的实践程度，直接反映出资本主义发展对新型治理模式的需求。新自由主义与反对新自由主义的力量之间的博弈，注定是一场旷日持久、错综复杂的拉锯战，其走向深受双方势力均衡的各种因素影响。

当前，新自由主义的局限性愈发凸显，引发新一轮的理论危机，它所固守的逻辑矛盾被无情地揭露，揭示了其理念的失效。

在应对新自由主义在后金融危机时代所呈现的转型时，我们首要的任务是深入领会马克思主义中"两个必然"理论，以此强化对社会进步的理解，坚信社会主义的崛起与资本主义的衰退是历史的必然趋势。同时，我们需敏锐地追踪西方资本主义体制的演变，洞察其目标、驱动力、进展以及潜在影响，积极汲取其中的有利元素，助力构建全球命运共同体。在这个过程中，我们不能忽视可能的风险和挑战，必须时刻保持警惕，以保障国际体系的稳定和我国的持续发展。

参考文献

一、专著

(一)中文著作

[1] 马克思恩格斯选集：第 1 卷 [M]. 北京：人民出版社，1995.
[2] 马克思恩格斯选集：第 2 卷 [M]. 北京：人民出版社，2012.
[3] 马克思恩格斯选集：第 3 卷 [M]. 北京：人民出版社，2012.
[4] 马克思恩格斯全集：第 21 卷 [M]. 北京：人民出版社，2003.
[5] 马克思恩格斯文集：第 2 卷 [M]. 北京：人民出版社，2009.
[6] 马克思恩格斯选集：第 8 卷 [M]. 北京：人民出版社，2009.
[7] 资本论：第 1 卷 [M]. 北京：人民出版社，2004.
[8] 列宁选集：第 2 卷 [M]. 北京：人民出版社，1994.
[9] 邓小平文选：第 2 卷 [M]. 北京：人民出版社，1994.
[10] 李繁荣. 新自由主义经济学思想批判 [M]. 太原：山西经济出版社，2017.
[11] 赖风. 新自由主义与国际金融危机 [M]. 南京：南京大学出版社，2015.
[12] 周兵. 新自由主义批判文选 [M]. 北京：红旗出版社，2019.
[13] 吴易风. 马克思经济学来源研究：空想社会主义 [M]. 北京：中国人民大学出版社，2015.
[14] 李泉. 新自由主义研究与批判 [M]. 上海：格致出版社，2019.
[15] 蔡万焕. 金融资本与当前资本主义发展阶段 [M]. 北京：经济科学出版社，2017.
[16] 张英. 新自由主义对转轨国家的影响研究：以俄罗斯及中东欧国家为例 [M]. 北京：经济科学出版社，2016.
[17] 陈玲. 新自由主义的风行与国际贸易失衡——经济全球化导致发展中国家的灾变 [M]. 太原：山西经济出版社，2017.
[18] 本书编写组. 新自由主义辨析 [M]. 北京：学习出版社，2017.
[19] 何梦秉，李千. 居安思危·世界社会主义小丛书：新自由主义评析 [M]. 北京：社会科学文献出版社，2012.
[20] 李珮. 告别沉默——新自由主义之后的文化与政治 [M]. 北京：中国传媒大

学出版社，2018.

[21] 吴易风. 马克思主义经济学和新自由主义经济学 [M]. 北京：中国经济出版社，2006.

[22] 杨玉成. 两种新自由主义与国际金融危机 [M]. 北京：中国社会科学出版社，2018.

[23] 启良. 西方自由主义传统：西方反自由至新自由主义学说追索 [M]. 广州：广东人民出版社，2003.

[24] 李其庆. 全球化与新自由主义 [M]. 桂林：广西师范大学出版社，2003.

[25] 梅荣政，张晓红. 新自由主义思潮 [M]. 北京：高等教育出版社，2005.

[26] 张才国. 新自由主义意识形态 [M]. 北京：中央编译出版社，2007.

[27] 李慎明. 国际金融危机与当代资本主义 [M]. 北京：社会科学文献出版社，2010.

[28] 刘晓洲. 现代政治的批判与阐释：论列奥·施特劳斯与自由主义之争中的核心问题 [M]. 北京：社会科学文献出版社，2019.

[29] 徐明. 透视危机——百年来典型经济危机回顾与启示 [M]. 北京：经济科学出版社，2009.

[30] 黄华光. 国际金融危机与资本主义新变化、新调整 [M]. 北京：党建读物出版社，2012.

[31] 赵景峰. 当代资本主义经济新变化与发展趋势 [M]. 北京：科学出版社，2014.

[32] 罗丹程，许桂红. 新自由主义思想批判研究——基于经济与金融视角 [M]. 北京：中国农业出版社，2016.

[33] 徐崇温. 国际金融危机与当代资本主义 [M]. 重庆：重庆出版社，2015.

[34] 周弘. 认识变化中的欧洲 [M]. 北京：社会科学文献出版社，2013.

(二) 外文译著

[1] 热拉尔·迪梅尼尔，多米尼克·莱维. 大分化——正在走向终结的新自由主义 [M]. 陈杰，译，北京：商务印书馆，2015.

[2] 热拉尔·迪梅尼尔，多米尼克·莱维. 新自由主义的危机 [M]. 魏怡，译，北京：商务印书馆，2015.

[3] 多米尼克·莱维，热拉尔·迪梅尼. 资本复活——新自由主义改革的根源 [M]. 徐则荣，译，北京：中国社会科学出版社，2017.

[4] 中谷岩. 资本主义为什么会自我崩溃——新自由主义者的忏悔 [M]. 郑萍，译，北京：社会科学文献出版社，2010.

[5] 科林·克劳奇. 新自由主义不死之谜 [M]. 蒲艳，译，北京：中国人民大学出版社，2013.

[6] 乔弗鲁瓦·德·拉加斯纳里. 福柯的最后一课：关于新自由主义，理论和政治 [M]. 潘培庆，译，重庆：重庆大学出版社，2016.

[7] 大卫·哈维，新自由主义简史 [M]. 王钦，译. 上海：上海译文出版社，2010.

[8] 诺姆·乔姆斯基. 新自由主义和全球秩序 [M]. 徐海铭、季海宏，译，南京：江苏人民出版社，2000.

[9] 特奥托尼奥·多斯桑托斯. 新自由主义的兴衰 [M]. 郝名玮，译，北京：社会科学文献出版社，2012.

[10] 奥斯瓦尔多·马丁内斯. 垂而不死的新自由主义 [M]. 高静，译，北京：当代世界出版社，2009.

[11] 伊曼纽尔·沃勒斯坦，兰德尔·柯林斯，迈克尔·曼，格奥吉·杰尔卢吉扬，克雷格·卡尔霍恩. 资本主义还有未来吗？[M]. 徐曦白，译. 北京：社会科学文献出版社，2014.

[12] 恩斯特·温特曼. 资本论：普及简读本 [M]. 吕博，译. 北京：金城出版社，2011.

[13] 杰弗里·弗里登. 20世纪全球资本主义的兴衰 [M]. 杨宇光，等，译. 上海：上海人民出版社，2009.

[14] 米歇尔·阿尔贝莱. 资本主义反对资本主义 [M]. 北京：社会科学文献出版社，1999.

[15] 阿纳托莱·卡列茨基. 资本主义4.0：一种新经济的诞生 [M]. 胡晓姣，杨欣，贾西贝，译. 北京：中信出版社，2011.

[16] 托马斯·皮凯蒂. 21世纪资本论 [M]. 北京：中信出版社，2014.

(三) 外文著作

[1] Block, David and Gary, John and Holborow, Marnie: Neoliberalism and Applied Linguistics, London and New York: Routledge, 2012.

[2] Krugmanm, Paul: End This Depression Now ! New York: W.W.Norton, 2012.

[3] Plant, Raymond: The Neo-liberal State, Oxford: Oxford University Press, 2010.

[4] Seldon, Joseph E: Feefall: America, Free Markets, and the Sinking of the world Economy, New York: W.W.Norton, 2010.

[5] Simon Blackburn, Dictionary of Philosophy. Oxford: Oxford University Press,

2018.

[6] Wolfgang Sreeck, "How Will Capitalism End?", New York: Verso, 2016.

二、期刊

(一) 中文期刊

[1] 周嘉昕. "新自由主义"与西方新左派 [J]. 山东社会科学，2017(11)：23-29.

[2] 董成惠. 后危机时代警惕新自由主义复辟的经济法理性 [J]. 学术探索，2018 (10)：74-83.

[3] 蔡万焕、王生升. 新自由主义、资本话语权与意识形态斗争 [J]. 马克思主义与现实，2017(5)：31-38.

[4] 丹尼尔·罗杰斯, 吴万伟. 新自由主义辨析与批判 [J]. 国外理论动态，2018 (6)：43-49.

[5] 宗彩娥、杜玉华. 新自由主义对北欧福利国家的批判与当代省思 [J]. 社会福利，2018(1)：36-40.

[6] 丁为民、李菁. 新自由主义与资本主义多重性危机 [J]. 当代经济研究，2017 (8)：5-11.

[7] 陈人江. 新自由主义之后还是新自由主义？[J]. 河北经贸大学学报，2018 (1)：17-25.

[8] 韩欲立、陈学明，评西方左翼学者对疫情的看法 [J]. 湖北社会科学，2020 (6)：35-38.

[9] 吴一群、刘榆. 刍议 2008 年全球金融危机的影响及启示 [J]. 东南学术，2009：27-33.

[10] 伊曼纽尔·沃勒斯坦著. 资本主义的新自由主义全球化阶段正走向终结 [J]. 路爱国译, 国外理论动态，2008(5)：8-9.

[11] 不破哲三：新自由主义的后果及走向 [J]. 郑萍译, 红旗文稿，2010 (23)：12-15.

[12] 刘儒, 孟书敏, 杜娟汀. 国际金融危机背景下经济理论的第三次危机 [J]. 西安交通大学学报 (社会科学版)，2014(4)：9-12.

[13] 吴海山. 资本主义在 20 世纪的两次危机与两次转型 [J]. 科学社会主义，2004(2)：77-80.

[14] 张新平, 王展. 美国金融危机与新自由主义的破灭——新自由主义经济社会角度下的透视 [J]. 世界经济与政治论坛，2009(3)：48-53.

[15] 朱奎.后危机时代：新自由主义的走向[J].马克思主义研究，2012(4)：54-59.

[16] 徐巧月，赵琪.后危机时代凯恩斯经济学的复兴和发展[J].经济理论与实践，2014(4)：5-8.

[17] 董昀.回到凯恩斯还是回到熊彼特？——基于主流宏观经济学发展历程的理论反思[J].金融评论，2012.(1)：1-12.

[18] 丁晓钦，尹兴.资本主义危机应对：新自由主义、凯恩斯主义与社会主义——世界政治经济学学会第六届论坛综述[J].学术动态，2011(7)：155-158.

[19] 程恩富.国际金融危机催生变革资本主义思潮[J].中国中小企业，2012(3)：66-67.

[20] 龙菊芳，吕兆华.后金融危机时代新自由主义的命运[J].广西教育学院学报，2011(5)：45-58.

[21] 陈晶.次贷危机对美国实体经济的影响[J].国际经济合作，2008(11)：11-14.

[22] 李军.从美国次贷危机到全球金融危机：发展过程与深刻教训[J].改革与发展，2008(6)：156-160.

[23] 金芳.金融危机后的世界经济格局变化及其对美国经济的影响[J].世界经济研究，2010(10)：3-9.

[24] 杨东.后金融危机时代金融统合法研究[J].法学杂志，2010(7)：58-61.

[25] 王维安，徐滢.次贷危机中美联储非常规货币政策应对、影响和效果[J].国际金融，2011(1)：53-60.

[26] 阮永平，李艳，陆政.美国次贷危机的应对：税收政策及其效应评价[J].税收研究，2009(2)：84-87.

[27] 何帆.世界主要发达经济体应对金融危机的措施及其效果评述[J].经济社会体制比较，2009(7)：82-87.

[28] 郭福敏.日本银行应对金融危机的政策与措施[J].中国市场，2012(7)：8-11.

[29] 胡燕，孙羿.新自由主义与国家空间：反思与启示[J].经济地理，2012(10)：1-6.

[30] 李淑珍.当代资本主义的新变化及其影响[J].形势与政策，2012(5)：64-67.

[31] 臧秀玲，时新华.变化、矛盾、前景——全球金融危机视角下对资本主义的再认识[J].当代世界与社会主义，2009(5)：61-66.

[32] 景浩，王丙辰.当代资本主义新变化的三重危机探析[J].山西师大学报，

2013(S2): 1-13.

[33] 齐兰,曹剑飞.当今垄断资本主义的新变化及其发展态势[J].政治经济学评论,2014(2): 117-140.

[34] 林德山.关于当代资本化主义新变化的思考[J].国外理论动态,2015(6): 15-22.

[35] 李海红.国际金融危机和资本主义新变化探析[J].国际经贸,2013(10): 38-40.

[36] 陈位志.后金融危机时代马克思主义的时代化刍议——以当代资本主义的新变化为视角[J].科学社会主义,2013(2): 149-152.

[37] 沈耕.从"无限经济"到"有限经济"——金融危机后资本主义发展理念的调整[J].学术探讨,2011(4): 47-48.

[38] 周宏.后金融危机时代资本主义社会的新变化[J].求是杂志 2011(9): 57-59.

[39] 黄蕾,汪元群.后危机时代国际贸易政策变化分析[J].当代经济,2015(19): 17-19.

[40] 陈松洲.金融危机后新贸易保护主义对我国外贸的影响及其应对[J].改革与战略,2012(4): 197-200.

[41] 丁晓钦、尹兴.资本主义危机应对:新自由主义、凯恩斯主义与社会主义——世界政治经济学学会第六届论坛综述[J].学术动态,2011(5): 155-158.

[42] 吴海山.当代资本运动与金融危机的内在逻辑[J].科学社会主义,2010(3): 144-147.

[43] 赵宗博.当代资本主义发展模式的内在矛盾及其演变[J].经济管理与改革发展,2011(1): 27-29.

[44] 潘硕.什么是资本主义,怎样认识资本主义——后危机时代国外学者对资本主义的认识[J].中共福建省委党校学报,2011(8): 96-103.

[45] 全先银,程炼.奥巴马金融监管改革方案评析[J].国际经济评论,2009(5): 54-56.

[46] 方芳,辛向媛.后危机时代金融监管国际合作的新动向和思考[J].教学与研究,2014(6): 31-37.

[47] 沈跃萍.西方学者对后危机时代资本主义的认识[J].当代世界与社会主义,2012(3): 90-96.

[48] 白云,张峰.新自由主义霸权与金融危机——大卫·哈维《新帝国主义》

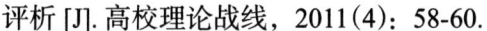

评析 [J]. 高校理论战线，2011(4)：58-60.

[49] 杨承训. 国际超级金融垄断资本主义新特征 [J]. 马克思主义研究，2010(2)：157-158.

[50] 孟捷. 新自由主义积累体制的矛盾与 2008 年经济 - 金融危机 [J]. 经济学前沿，2012(9)：65-77.

[51] 杨邦荣，华昊. 走向破灭的神话——新自由主义的实质与危害 [J]. 西安政治学院学报，2014(2)：14-17.

[52] 鲁保林. "里根革命"与"撒切尔新政"的供给主义批判与反思——基于马克思经济学劳资关系视角 [J]. 当代经济研究，2016(6)：35-42.

[53] 郑安光. 自由主义国际关系理论的源流 [J]. 历史教学问题，2004(6)：40-47.

[54] 徐崇温. 新自由主义与国际金融危机 [J]. 毛泽东邓小平理论研究，2012(4)：88-93.

[55] 蔡万焕，王生升. 新自由主义、资本话语权与意识形态斗争 [J]. 马克思主义与现实，2017(5)：31-38.

[56] 陈承财. 新自由主义服务于霸权掠夺的本质探析 -- 基于国际垄断资本的全球资本积累视角 [J]. 中央社会主义学院学报，2014(3)：88-92.

[57] 刘晓辉，罗文东. 国际金融危机中新自由主义面临的冲击和挑战 [J]. 国外社会科学，2011(1)：63-70.

(二) 外文论文

[1] Aaron Mehta, "National Defense Strategy Released with Clear Priority: Stay a head of Russia and China", Defense News, January 19, 2018.

[2] Martin Jacques, "the death of neoliberalism and the crisis in western politics", the Guardian, Agust 21, 2016.

[3] William Davies, "The New Neoliberalism." New Left Review 101, September-October, 2016(1).

三、网络资源

[1] https://foreignpolicy.com

[2] http://www.thepaper.cn

[3] https://www.whitehouse.gov

[4] https://www.bls.gov

[5] https://www.whitehouse.gov

[6] https://www.brookings.edu

[7] http://www.publicseminar.org

[8] https://www.ifrap.org

[9] http://isj.org.uk

[10] https://www.worldbank.org